생각의 해상도를 높여라

생각의 해상도를 높여라

펴낸날 2025년 1월 3일 1판 1쇄

지은이 곤도 유타카
옮긴이 명다인
펴낸이 이종일
디자인 바이텍스트

펴낸곳 지니의서재
출판등록 1978년 5월 15일(제13-19호)
주소 경기도 고양시 덕양구 청초로 10 GL메트로시티한강 A동 A1-1924호
전화 (02)719-1424
팩스 (02)719-1404
이메일 genie3261@naver.com

ISBN 979-11-988819-6-0 (03320)

일 잘하는 사람은 선명하게 생각한다

"선명하게 시각화하는
사고 연습으로 효과적으로
말하고 쓰고 성과를 낸다!"

명다인 옮김

생각의 해상도를 높여라

곤도 유타카 지음

딜로이트 상위 1% 컨설턴트가 공개한
일잘러만 아는 51가지 고해상도
사고 트레이닝

지니의서재

차례

"이야기가 두루뭉술하다."
"기시감이 든다."
"와 닿지 않는다."

회의에서 의견을 냈을 때,
사내에서 기획서를 설명했을 때,
비즈니스 미팅에서 고객에게 제안했을 때

이런 뉘앙스의 말을 듣거나
상대에게 이런 느낌을 준 경험이 있는가?

시력 나쁜 사람이 안경을 쓰지 않고 보는 '흐릿한 세상' 마냥
사고思考가 '모호한' 상태.

이것이 '해상도가 낮은' 상태다.

반대로 '해상도가 높은 사람'은
모든 일을 세세하게 보고
예리한 통찰로 판단한다.
그러면서 난해한 이야기도
'이해하기 쉽게 전달한다.'

도수가 딱 맞는 안경을 썼을 때처럼
사고가 분명하고
이야기를 듣고 있는 사람의 머릿속에
선명한 이미지가 떠오르게 한다.

일을 잘하는 사람이란
곧 '해상도가 높은 사람'이다.

그렇다면 어떻게 해야
'해상도가 높은 사람'이 될 수 있을까?

그 답은
'구체 ↩ 추상' 훈련에 있다.

문제 6] 유튜브 시청자와 TV 시청자의 차이점 5가지를 답하시오.
문제 29] 영화관, 세일즈포스, 아마존 프라임, 지하철 광고를 둘로 분류하시오.
문제 50] 처음 만난 사람에게 '나의 매력'을 비유적으로 설명하시오.

이 '구체 ↩ 추상' 훈련이 어떻게
'해상도'를 높인다는 걸까?

자세한 설명은
'prologue'에서 살펴보겠다.

분명히 말하지만
'해상도가 높은 사람'이 성공한다.

일 잘하는 사람은
선명하게 생각한다

"자네가 하는 말은 어딘가 구체적이지 않고 뜬구름처럼 들려."

"하고 싶은 말은 알겠는데 설득력이 조금 부족해."

"말씀하신 내용이 감이 잡히지 않네요."

일하다 이런 뉘앙스의 말을 듣거나 상대에게 이런 느낌을 준 경험이 있는가?

어떤 것을 제대로 이해하지 못하고 생각에도 빈틈이 많아 질문을 받았을 때 **구체적인 대답을 하지 못하는 경우**가 있다.

본질을 이해하지 못해 이야기의 핵심에서 벗어나거나, 누구라도 말할 수 있는 **단순한 의견이나 제안밖에 내놓지 못한다.** 정보들 사이에 연관성이 없어 듣는 사람 역시 불투명한 유리 너머에 있는 듯한 거친 형상刑象밖에 보지 못한다. 그로 인해 **듣는 이의** 머릿속에는 무수한 '**물음표**'가 둥둥 **떠다닌다**.

무엇을 그렸는지 알기 힘든 **흐릿한 그림**처럼 사고가 엉성하고 모호해 아무것도 보이지 않는 채로 이야기하는 상태나 다름없다. 최근 비즈니스 현장에서는 이러한 상태를 '해상도가 낮다'라고 표현한다. 반대로 초점이 정확히 맞는 렌즈처럼 사고가 분명한 상태는 '해상도가 높다'라고 표현한다.

'일을 잘하는 사람' = '해상도가 높은 사람'

나는 현재 컨설팅 회사를 설립해 경영하고 있지만 이전에는 경영 컨설팅사인 딜로이트 토마츠에서 경영 컨설턴트로 일했다. 딜로이트에 있던 시절, 약 3,000곳 이상의 기업을 컨설팅하며 총 1만 명 이상의 직장인을 만났다. 그 많은 직장인을 보면서 든 생각은 일을 잘하는 사람들에게는 한 가지 공통점이 있다는 것이다. 그들은 모두 '해상도가 높았다.'

'해상도가 높은 사람'은 사고가 선명하고 세세한 부분까지도 깔끔하고 명확하게 바라본다. 이를테면 영업직에 있는 '해상도가 높은 사람'은 고객에 관한 정보를 상세하게 파악한다. 고객의 나이는 물론이고 어떤 생활을 하고 어떤 옷을 즐겨 입는지까지. 또 어떤 상황에서 어떤 고충이 있고, 이를 해결하기 위해 평소에 어느

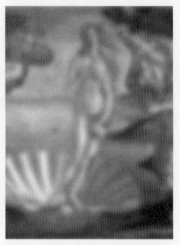

[그림 1] '해상도가 높은 사람'이 보는 세상

[그림 2] '해상도가 낮은 사람'이 보는 세상

경쟁사의 제품과 서비스를 이용해야 하는지도 알고 있다. 이처럼 **모든 일을 세세하게 보는 특징**이 있다.

　구체적이라는 특징 외에 또 어떤 특징이 있을까? 자신의 의견을 말하는 순간 주변을 감탄케 하는 **독특하고 예리한 통찰이 있다**는 점도 '해상도가 높은 사람'의 특징이다. 이들은 평소에도 나름대로 깨우친 일상의 깨달음이 풍부하며 이러한 깨달음은 대부분 모든 본질을 꿰뚫고 있다. 그래서 필연적으로 해상도가 높은 사람의 의견이나 제안은 새로우면서도 수긍이 간다. 또 **모든 일을 알기 쉽게 전하는 특징**도 지니고 있다. 상대의 이해도에 따라 사

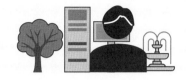

[그림 3] 해상도가 높다   [그림 4] 해상도가 낮다

용하는 어휘나 이야기를 조절하기에 설령 전문적인 이야기를 나누더라도 듣는 사람이 선명한 이미지를 떠올리도록 만들어 쉽게 이해하게 돕는다.

"이 사람은 생각이 깊다."
"저 사람이 하는 말에는 그냥 수긍이 간다."

이제 해상도가 높은 사람의 특징을 알았으니 '해상도가 높은 사람=일을 잘하는 사람'이라는 공식에 어떠한 위화감도 들지 않을 것이다.

회사에서 상위 1%에 드는 '일을 잘하는 사람'은 나머지 99%의 사람이 보지 못하는 것까지 보고 있다. **회사에서 단 한 사람만이 그것을 보기 때문에 그 사람은 '일을 잘하는 사람'이 된다.** 말은 이렇게 했지만 일을 잘하는 사람도, 그렇지 않은 사람도 같은 회사에 다니는 이상 실제로는 '같은 것'을 보게 마련이다. 그런데도 왜 어떤 사람에게는 보이는 것이 다른 누군가에게는 보이지 않을까? 바로 이것이 '해상도의 높고 낮음'에서 비롯되는 차이다. **같은 것을 보더라도 해상도가 다르면 보이는 세상도 확연히 달라진다.** 즉 일을 잘하는 사람과 그렇지 않은 사람이 보는 세상은 해상도의 '높고 낮음'으로 결정된다.

해상도는 어떻게 하면 높아질까

"당신의 제안은 어느 회사에든 할 수 있는 제안 같아요. 또 우리 회사의 강점을 말씀해 주셨는데 다른 컨설팅 회사에서도 들을 수 있는 말이지 않나요?"

딜로이트에 입사하고 얼마 되지 않았을 때 고객이 내게 한 말이다. 지금은 이렇게 '해상도'를 주제로 책을 쓰고 있지만 그 무렵의 나는 '해상도가 낮은 사람'의 표본이었다. 딜로이트에 입사할 수 있던 것도 대규모 채용에 운 좋게 편승했기 때문이다.

"정말로 제대로 생각했어?"

상사에게 매번 이런 지적을 들은 나는 전형적인 '일 못 하는 사람'이었다. 이랬던 내가 마침내 딜로이트에서도 상위 1%에게만 주어진다는 'S 등급 인재'로 평가받고 있다. 그렇게 된 이유를 말하자면 이곳을 다니면서 일을 잘하는 수많은 컨설턴트와 고객을 만나 해상도의 중요성을 깨닫고 해상도를 높인 덕분이다.

그렇다면 해상도는 어떻게 높일 수 있을까? 설명에 앞서 설명한 해상도가 높은 사람의 특징을 떠올려 보자. 여기에서 해상도가 높은 사람의 핵심을 추출하면 다음 3가지 특징이 드러난다.

[특징 ❶] 99%의 사람에게는 보이지 않는 '모든 일이 세세하게 보인다.'

[특징 ❷] 99%의 사람에게는 보이지 않는 '독특하고 예리한 통찰이 있다.'

[특징 ❸] 99%의 사람에게도 보이도록 '모든 일을 이해하기 쉽게 전달한다.'

이 3가지 특징은 각각 '구체화 사고력', '추상화 사고력', '구체 ↬ 추상 사고력'이다. 이를 스스로 키워 자신의 것으로 만든 것이다.

해상도가 높은 사람이 되기 위한 3가지 사고력

그런데 왜 하필 이 3가지 사고력일까?

❶ 모든 일이 세세하게 보이려면 → 구체화 사고력을 키운다

해상도의 본래 의미에서 알 수 있듯 그림을 구성하는 요소는 '화소(픽셀)의 수(화소 수)'가 많을수록 즉, 화소의 밀도가 높을수록 그림은 정밀해진다. 그래서 16×16픽셀로 표현한 그림보다 32×

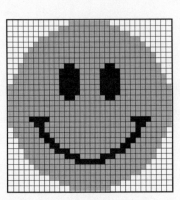

[그림 5] 32×32픽셀 (화소)

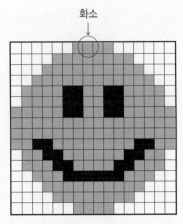

화소

[그림 6] 16×16픽셀 (화소)

32픽셀로 표현한 그림의 형태가 더 선명하다.

다시 말해 구체화 사고를 통해 '모든 일을 세세하게 본다'라는 의미는 **화소 수를 늘린다는 것이다.** 따라서 구체화 사고력을 키우면 사고의 화소 수가 늘어나고 그림의 밀도가 촘촘해져 사고가 분명해진다.

"모든 일을 제대로 이해하지 못한다."

"생각에 빈틈이 많고 구체성이 부족하다."

이런 문제는 해상도 중에서도 '구체화 사고력' 부족해서 발생한다. 3장에서는 이 구체화 사고력을 키우는 훈련을 한다.

[그림 7] 구체화 사고

❷ 독특하고 예리한 통찰이 있으려면→추상화 사고력을 키운다

해상도를 높이려면 '구체화=화소 수'를 늘리는 훈련만으로는 부족하다. 구체화 사고를 보여주는 그림에서 알 수 있듯 그림(사고)의 폭이 넓지 않기 때문이다. 그래서 구체화는 기존에 있는 것을 깊이 알아가는 사고력으로는 적합하지만, 새로운 깨달음을 얻는 사고력으로는 적절치 않다.

그렇다면 해상도가 높은 사람의 두 번째 특징인 '독특하고 예리한 통찰'을 얻으려면 무엇이 필요할까? '추상화 사고력'이다. [그림 기]처럼 추상화 사고를 통해 구체화 사고만으로는 보이지 않던 부분까지 보기 시작하면 **그림(사고)의 폭이 넓어진다**.

'추상'이라고 하면, 주로 "이야기가 추상적이다."라는 말처럼 부정적인 의미로 사용하는 경우가 많아 그 중요성을 인지하기 어렵다. 그러나 추상화 사고력이야말로 유능한 사람들의 공통된 사고력이다. 자세한 설명은 2장에서 하겠지만 잠깐 간단하게 설명하면 추상화 사고력이란 **모든 배경에 숨어 있는 '성공 법칙'을 찾아내는 힘**이다.

"당신이 속한 업계에서 성공한 상품의 공통점은?"
"성공한 영업직원의 공통점은?"

[그림 8] 구체화 사고

이처럼 모든 일의 배경에 숨어 있는 공통점을 추출하는 힘이야 말로 '추상화 사고력'이다. 더 나아가 이 공통점에서 도출한 성공 법칙이 곧 모든 일의 본질이며 예리한 통찰의 사고가 된다.

"이 사람은 뚱딴지같은 소리만 해."
"속 편한 해결책만 내놓네."

이런 문제는 '해상도' 중에서도 '추상화 사고력'이 부족해서 발생한다. 구체화 사고만으로는 그림의 폭을 넓힐 수 없다. [그림 8] 처럼 추상화 사고력을 키워 모든 일의 배경에 숨어 있는 본질을 파악하면 시야가 확장되고 덩달아 다양한 사고가 가능해진다. 그러므로 추상화 사고력을 키운다는 것은 **그림의 폭을 넓힌다는 의미다.** 4장에서는 이 '추상화 사고력'을 키우는 훈련을 한다.

❸ **모든 일을 이해하기 쉽게 전달하려면 → '구체 ⇆ 추상 사고력'을 키운다**

해상도가 높은 사람이 되려면 '구체화 사고력'과 '추상화 사고력' 이외에도 필요한 사고력이 하나 더 있다. 이 2가지 사고력만으로는 모든 일을 이해하기 쉽게 전달하는 세 번째 특징을 실현할 수 없기 때문이다. 그렇다면 해상도가 높은 사람은 이 세 번째 특

[그림 9] 구체 ⇆ 추상 사고

징을 어떻게 실현할까? 답은 '구체⇆추상 사고력'에 있다.

사람은 사회적 위치, 지식의 양, 상황에 따라 '구체적인 이야기가 더 이해하기 쉬운 사람'과 '추상적인 이야기가 더 이해하기 쉬운 사람'으로 나뉜다. 해상도가 높은 사람은 대화 상대에 따라 구체(적인 이야기)와 추상(적인 이야기)을 조절하면서 이야기한다. 이는 잔재주를 부리기 위한 소통의 기술이 아니다. 인간 이해의 본질이기에 해상도가 높은 사람은 전달하려는 내용이 아무리 전문적이어도 또는 상대가 누구든 모든 일을 이해하기 쉽게 전달한다.

반대로 정보가 정확하게 전달되지 않는 상태communications gap가 자주 발생하는 사람은 상대에 따라 구체도(추상도)를 바꾸지 못하는 데 있다. [그림 9]를 보자. 마치 사고의 디스플레이 안에서 구체화를 통해 보이는 부분과 추상화를 통해 보이는 부분을 자유자재로 오가듯 상대에 따라 '이 사람에게는 이 정도 구체화시켜 말해야겠어.', '이 사람에게는 이 정도 추상적으로 말해도 되겠어.' 라고 **그림 안에서 사고를 조절**하여 상대가 이해하기 쉬운 이야기로 만들어 가야 한다. 5장에서는 이 '구체 ↔ 추상 사고력'을 키우는 훈련을 한다.

'질문'이 사고의 속도를 높인다

[문제 7] 상점가의 채소 가게와 마트의 채소 코너의 5가지 차이점을 답하시오.

[문제 35] 레트로 열풍이 일어난 상품들의 공통점에서 성공 법칙을 발견하시오.

[문제 42] 행성과 제네바 사이의 추상도 단어 5가지를 답하시오.

이 책에서는 3가지 사고력을 키우는 훈련법으로 위와 같은 퀴즈 형식을 도입했다. 그런데 왜 하필 퀴즈일까?

여러분도 다른 사람에게 질문을 받은 후에 사고가 깊어진 경험이 있지 않은가? 나 역시 이 책을 써나가는 중에 편집자에게 이런 저런 질문을 받은 덕분에 언어화하지 못하고 있던 새로운 사고를 만나는 경험을 했다.

그렇다. 사람은 질문을 받음으로써 사고를 깊게 하는 생물이다. 따라서 이 3가지 사고력을 키우기 위해서는 퀴즈 형식이 가장 적합하다. 퀴즈 풀기를 두뇌 체조나 두뇌 훈련에 비유하듯이 사고력을 훈련하는 방법으로는 퀴즈 풀기가 제격이다. 예시 답안은 어디까지나 나의 사고에서 나온 참고 답안일 뿐이다. 정답은 결코 하나가 아니다. 그러니 여러분도 자신만의 답을 열심히 생각해 보길 바란다.

이 책에 제시된 사고력 훈련으로 많은 이들이 해상도가 높아지는 기쁨을 맛본다면 그보다 즐거운 일은 없을 것이다.

1장

해상도가
전부다

일을 잘하는 사람은 해상도가 높은 사람이다

당신은 이직을 준비하는 중이다.
오늘은 1지망 회사에서 면접을 보는 날이다.
당신은 이곳에 지원한 동기를 열심히 설명했지만 면접관은 떨떠름한 기색
이다.
뒤이어 기습적인 질문 공세가 날아 온다.

"우리 회사에서 어떤 성과를 내고 싶나요?"

이러한 중요한 자리에서
선명한 이미지를 가지고 명확하게 대답할 수 있는가.
아니면 흐릿한 사고로 횡설수설할 것인가.

우리는 시시때때로 '해상도가 높은 사람인지 낮은 사람인지' 시험대에 오
른다.

'해상도'란 구체적으로 무엇일까?
'해상도'는 왜 그렇게 중요할까?

우선 '해상도'라는 용어의 해상도부터 높여 보자.

'해상도'란 무엇일까

　해상도란 본래 그림을 종이에 인쇄하거나 웹 사이트에 파일을 올릴 때 사용하는 용어. [그림 10]과 [그림 11]을 보면 알 수 있듯이, 해상도가 높으면 그림의 세세한 부분까지 선명하게 보인다. 반대로 해상도가 낮으면 그림이 흐릿해져 무엇을 그렸는지조차 알아볼 수 없다.

　최근, 이 해상도라는 용어가 비즈니스 현장에서도 사용되고 있다. '해상도가 높다'라는 말은 [그림 10]처럼 사고가 선명한 상태를 가리킨다. 마치 머릿속에 실제 그림을 그리듯이 '명확한 상像'이 있는 상태다. 반면 '해상도가 낮다'라는 말은 [그림 11]처럼 사고에 안개가 낀 것처럼 지금 일어나고 있는 일도, 미래도 아무것도 보이지 않는 상태를 가리킨다.

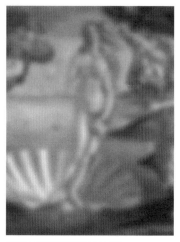

[그림 10] 해상도가 높은 그림　　　　[그림 11] 해상도가 낮은 그림

의미적으로는 **모든 일에 대한 이해도가 높다·낮다, 모든 일을 상세하게 표현할 수 있다·없다** 같은 뜻으로 사용되며, 그 상태에 대해 다음과 같이 표현한다.

- 이야기에 구체성이 없고 두루뭉술하다.
- 누구나 말할 수 있는 단순한 의견밖에 말하지 못한다.
- 이야기가 모호해서 감이 잡히지 않는다는 말을 듣는다

생각이 깊다거나 사고력 같은 말이 있는데도 구태여 '해상도'를 사용하는 이유는 기존에 있는 단어로는 표현할 수 없는 뉘앙스가

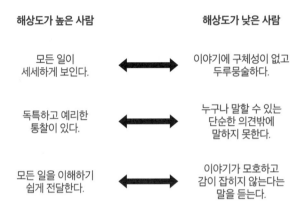

[표 1] 해상도가 높은 사람과 해상도가 낮은 사람

내포되어 있기 때문이다. 그것이 바로 '보이다·보이지 않는다' 개념이다. 해상도가 높은 사람에게는 모든 일이 선명한 그림을 보듯이 세세하고 넓게 보인다. 반면 해상도가 낮은 사람은 흐릿한 그림을 보듯이 사고가 모호해서 거의 아무것도 보이지 않는다. 이처럼 보이거나 보이지 않는 상태를 표현하려면 기존의 단어로는 한계가 있어 '해상도'라는 비유가 꼭 필요하다.

더 구체적으로 들어가 **해상도가 낮으면 일할 때 어떤 어려움이 발생할까?** 이번에는 해상도를 더 깊이 이해하기 위해 다양한 비즈니스 현장에서 많은 이들이 해상도가 낮아 겪게 되는 어려움을 살펴보자.

상사에게 제안하다 → 이야기에 구체성이 없고 두루뭉술하다

'해상도가 낮다'라고 간략하게 말했지만, 사실 그 특징은 하나가 아니다. prologue에서 해상도가 높은 사람의 특징 3가지를 설명했는데, 해상도가 낮은 사람의 특징은 이와 반대이다. 그 첫 번째 특징이 바로 이야기에 구체성이 없고 두루뭉술하다는 것이다.

이 특징은 실제로 일하는 상황에서 어떤 식으로 나타날까? 구체적인 장면을 함께 보자. 이 장면에서 주인공은 당신이다. 등장인물이 되었다고 가정하고 읽어보자.

SCENE 1 상사에게 제안하다

- 등장인물 : 상사(인사팀 부장), 당신(인사팀 채용 담당자)
- 내용 : 어떤 구인 매체를 이용할 것인가?

당신은 중소기업을 다니는 직장인이다. 최근 매출이 증가해 회사에서는 사업을 확장할 계획이다. 회사 규모가 커지면서 직원 채용에도 적극적인 분위기다. 채용 담당자인 당신이 나설 차례다.

인사팀 부장 자, ○○씨, 채용 인원을 대폭 늘리라는 사장님의 지시가 있었어요.

당신 알겠습니다. 당장 채용 공고를 올려야겠네요.

인사팀 부장 그렇군요. ○○씨는 어디에 공고를 올려야 한다고 생각해요?

당신 음…. A 아니면 B가 좋지 않을까요…?

인사팀 부장 그렇게 생각한 이유는요?

당신 그게…. 유명하기도 하고….

인사팀 부장 본래 구인 매체를 정할 때는 어떤 사람을 채용할 것인가가 기준이 되죠. ○○씨는 어떤 사람을 채용해야 한다고 생각하죠?

당신 그게…. 유능한 사람 아닐까요…?

인사팀 부장 유능한 사람? 예를 들면 어떤 사람이요?

당신 ….

결국 당신은 말문이 막힌다. 뒤이어 인사팀 부장이 다시 질문한다.

인사팀 부장 ○○씨, 채용 담당자로서 채용해야 할 인재상을 제대로 보고 있나요?

물론 '채용해야 할 인재상'은 당신 혼자시 결정할 수 있는 사안이 아니다. 속으로는 '이런 건 인사팀 부장이나 사장이 결정할 일이지 않아?'라는 생각도 든다. 하지만 만약 당신이 일을 잘하는 사람이 되고 싶다면 지금 이대로 있어서는 안 된다. 채용 담당자로서 일을 잘하는 사람을 지향한다면 채용해야 할 인물상에 대한 구체적인 이미지를 가지고 예시를 술술 말할 수 있어야 한다.

채용해야 할 인물의 연령대는 어느 정도인지, 지금까지 어떤 업계에 있었고 어떤 직종에서 일했으며 어떤 경험을 축적한 사람인지, 일에 대한 가치관은 어떠한지, 이 가치관은 말과 행동에 어떻게 묻어 나오고 일할 때 습관은 어떠한지…. 이런 인물상을 전제로 둔 다음 회사의 사업 방침과 채용해야 할 사람의 역할, 직종, 업무 내용은 무엇인지도 알아야 한다. 당신의 머릿속에 특정한 인물상이 그려진 그림이 뚜렷하게 떠오를 때까지 구체화할 필요가 있다.

이처럼 이야기에 구체성이 없고 두루뭉술하다는 문제의 원인은 해상도 중에서도 구체화 사고력이 부족하기 때문이다. 이때는 사고의 화소 수를 늘려야 한다.

회의 → 누구나 말할 수 있는 단순한 의견밖에 말하지 못한다

해상도가 낮은 사람이 겪는 어려움은 이것으로 끝이 아니다. 두 번째 특징인 누구나 말할 수 있는 단순한 의견밖에 말하지 못하는 상황도 살펴보자.

• 등장인물 : 상사(상품기획팀 부장), 당신을 포함한 팀원 5명(상품기획팀 팀원)

• 회의명 : 상품기획팀 회의

• 내용 : 최근 유행하는 상품에 대하여

SCENE 1과 마찬가지로 당신은 중소기업에 다니고 있다. 이번에는 상품 기획팀 팀원으로 회사 매출의 근간이 되는 상품과 서비스를 기획하는 중요한 역할을 맡고 있다. 인기 있는 상품은 유행을 타기 때문에 회의에서 대화 주제로 오르는 일은 다반사다. 오늘의 화두는 레트로 열풍이다.

A 요즘 여기저기서 레트로 열풍이 일어나고 있네요.

기획팀 부장 그러게요. 예를 들면 어떤 곳이 있나요?

A 대표적으로는 레트로 카페가 있습니다. 옛날 그대로의 분위기로 꾸민 카페에 사람들이 끊이질 않는다고 해요.

B 맞아요. 얼마 전에 본 한국 아이돌 그룹 뮤직비디오에서도 다들 80년대 의상을 입고 있었어요.

C 그러고 보니 세이부엔 유원지에서 80년대 상점가를 콘셉트로 내세워 과거의 인기를 되찾았다고 화제가 되었어요.

기획팀 부장 저도 봤어요. C 씨는 왜 레트로 열풍이 일어났다고 생각해요?

C 어, 그냥 열풍이니까요....

기획팀 부장 …. 어, 음 …, B 씨의 생각은요?

B 그게 말이죠 …, 사람은 옛것에 끌리기 때문 아닐까요 …?

기획팀 부장 …. D 씨 생각은 어때요?

D 레트로 열풍이 일어난 곳은 카페, 옷, 유원지잖아요. 이 세 곳의 공통점은 '비일상'이라고 봅니다. 지금의 사람들은 레트로한 것에서 '힐링'을 받는다고 생각해요. 요즘은 어지러울 정도로 세상이 빠르게 돌아가는 시대니까요. 다들 지친 게 아닐까요? 그래서 회사가 아닌 개인적인 시간에는 고된 일상을 힐링 받고 싶다고 생각하죠. 이 힐링의 역할을 레트로가 하고 있다고 생각합니다.

기획부장 오호 ….

D 우리 회사는 잡화를 만들잖아요. 잡화는 다른 무엇보다 사람들의 일상에 함께 있으니까 잡화와 레트로를 조합하면 괜찮은 해결책이 되지 않을까요?

당신도 D의 말에 감탄이 절로 나오지 않았는가? 상품기획팀에서 일하는 이상, 상품을 더 많이 팔기 위한 아이디어 즉 해결책을 제안해야만 한다. 하지만 반응을 보아하니 B와 C에게는 어려운 일이 될 것 같다. 왜냐하면 B와 C는 우연히 정보를 알게 되었을 뿐이다. 그들의 의견 자체는 누구나 말할 수 있는 의견이고 **사고**

의 폭이 넓지 않다. 반면 D의 의견은 어땠는가? 다른 사람들은 웬만해서 도달하지 못하는 **자신만의 깨달음**이 있다. 이 정도 의견을 말할 수 있는 사람은 필시 많지 않다. 이것이 바로 해상도가 높은 사람의 두 번째 특징인 **독특하고 예리한 통찰이 있는** 상태다.

누구나 말할 수 있는 단순한 의견밖에 말하지 못한다는 문제는 '구체화 사고력'으로는 해결할 수 없다. 왜냐하면 구체화란 기존에 있는 것을 자세하게 보는 사고력이므로 이것만으로는 새로운 깨달음에 도달하기는 상당히 어렵다. 그렇다면 이 문제를 어떻게 해결할 수 있을까? 답은 **추상화 사고력**에 있다. 2장에서 추상화란 무엇인지 기본적인 내용부터 자세히 설명하겠지만, 지금은 **공통점에서 성공 법칙을 도출하는 힘**이라는 것만 알고 있으면 된다. prologue에서도 설명했다시피 이 '추상화 사고'에서 나온 성공 법칙은 그야말로 모든 일의 본질이다. 새로우면서도 수긍이 가는 예리한 통찰이 되어 사람들을 매료한다. 또한 이 추상화 사고력은 당신이 가진 사고의 폭을 넓혀주고 다양한 생각을 가질 수 있게 만든다.

비즈니스 미팅 → 이야기가 모호하고 감이 잡히지 않는다는 말을 듣는다

해상도가 낮은 사람이 겪는 어려움 중 또 하나는 이야기가 모호하고 감이 잡히지 않는다는 말을 자주 듣는다는 것이다. 이번에도 구체적인 상황을 함께 보자. 이번에는 제삼자의 시선에서 등장인물이 주고받는 대화에 집중해 보자.

SCENE 3 비즈니스 미팅

• 등장인물 : 고객(과장급), A(영업 직원)

• 내용 : 신상품 개발 제안

A는 영업직원이다. 오늘은 고객에게 신상품 개발을 제안하러 방문했다.

고객 오늘은 아무래도 흥미로운 제안을 들고 오신 모양이군요.

A 네, 이 회사의 상품 개발 방향성을 뒤바꿀 제안이 될 것이라 자부합니다. 이름하여 '스토리'를 팔아보자는 것입니다.

고객 스토리요?

A 네, 귀사의 소비자들은 지금까지 귀사의 상품만 보고 구매를 결정했습니다. 그 결과 상품의 단가나 품질을 경쟁사의 상품과 비교 및 검토한 다음

다른 회사의 상품이 더 괜찮으면 그쪽을 고르는 경우도 많게 되지요.

고객 그거야 그렇겠죠. 유감스럽지만 모든 면에서 우위를 점하는 상품을 만드는 건 매우 어려운 일이니까요.

A 그렇기에 더더욱 상품의 매력보다 상품을 구매했을 때 뒤따라오는 스토리에 매력을 불어넣는 것이 중요합니다.

고객 그렇군요…?

A는 유창한 말솜씨로 계속 설득해 보지만 고객은 뭔가 석연치 않은 표정이다.

A 상품 자체를 판매하기 위해 노력하거나, 어떻게 하면 고객들이 구매할지 궁리하기보다 그 상품을 구매하면 어떤 스토리가 탄생할지 궁금증을 유발하자는 것이 핵심입니다.

고객 …?

A 일상생활에서나 회사에서 일할 때 언제 이 상품을 사용하게 될까? 그곳에서는 매일 어떤 스토리가 탄생할까? 이런 것들을 상상하며 상품 개발에 착수하는 것이죠.

고객 ???

자, 이 대화문을 읽은 당신은 SCENE 1과 상황이 비슷하다고 생각할지 모른다.

'구체화 사고가 부족해서 생긴 문제 아닐까?'

혹시 이렇게 생각했는가? 하지만 문제의 원인이 조금 다르다.

SCENE 1의 등장인물(당신)은 애당초 구체화(사고)를 하지 못하는 사람이었다. 따라서 구체화 사고력을 키우면 해결되는 문제다. 하지만 SCENE 3의 A는 좀 다르다. 밝은 모습으로 설득하는 모습에서도 알 수 있듯이 A는 매우 총명하며 구체화를 할 수 있는 사람이다.

그렇다면 SCENE 3에서는 무엇이 문제일까? 바로 **상대의 구체도(추상도)에 맞추지 않았다.** prologue에서 설명했듯 사람은 사회적 위치, 지식, 상황에 따라 추상적인 이야기가 더 이해하기 쉬운 사람과 구체적인 이야기가 더 이해하기 쉬운 사람으로 나뉜다. 앞선 A의 이야기는 상대가 누구냐에 따라 어떤 사람은 더 이해하기 쉬울 수도 있다. 이를테면 회사의 사장이나 임원처럼 비교적 넓은 시야로 모든 것을 둘러보는 위치에 있는 사람은 오히려 추상적인 이야기를 더 쉽게 받아들인다. 다만 SCENE 3에서의 대화 상대가 과장급이라고는 하지만 결국은 현장에서 일하는 사람이다. 또 상대의 반응을 살펴보면 적어도 추상적인 이야기를 더 이해하기 쉬운 사람이 아니다. 그러므로 이 사람 앞에서는 구체적인 이야기로 전환하여 전달했다면 더 나은 결과를 낳았을 것이다.

해상도가 높은 사람이 모든 일을 이해하기 쉽게 전달할 수 있는 까닭은 무엇일까? 단순히 '구체화 사고'나 '추상화'가 가능해서가 아니다. 구체(적)와 추상(적)을 자유자재로 오가며 상대가 가장 이해하기 쉬운 방식으로 사고를 조절하는 힘을 가지고 사용하기 때문이다.

이 세상에는 대화와 관련된 책이 이미 수두룩하지만, 기대한 만큼 문제가 해결되지 않는 이유도, 정보가 정확하게 전달되지 않는 근본적인 원인도 상대의 구체도(추상도)에 맞추지 않고 전하기 때문이다.

다만, 여기서 한 가지 강조할 것은 '구체적인 이야기는 좋고 추상적인 이야기는 나쁘다'라는 단순한 이야기가 아니라는 점이다. 누차 설명했다시피 '구체화'도 '추상화'도 동등하게 중요하다. 서로의 역할이 다를 뿐 해상도가 높은 사람이 되려면 2가지 모두 필요하다. 이를 상대에게 맞추어 적용해야 한다는 것이다.

SCENE 3과 같은 상황에서 정말로 유능한 사람이라면 상대의 반응을 보고 구체적인 '비유'를 사용할 것이다. 만약 스토리를 팔자고 설득하려면 실제로 그 상품을 구매한 사람이 일상생활에서 해당 상품을 어떤 식으로 사용하고, 어떤 라이프 스타일을 구현하고 있는지 이야기해야 한다.

"자동차 TV 광고를 떠올려 보세요. 자동차를 새로 장만한 가족이 휴일에 소풍 가거나, 늦게까지 일하느라 귀가가 늦어진 남편을 아내가 역까지 데리러 가거나, 아들을 바래다주는 일상의 풍경을 단편 드라마처럼 엮는 것이죠. 이런 방식으로 소비자의 구매욕을 자극하는 체험 스토리를 상기시켜야 합니다."

이런 식의 비유를 사용하는 방법도 바람직하다. 이로써 이야기는 훨씬 더 구체(적)이게 되고, SCENE 3에 등장하는 구체적인 이야기가 더 이해하기 쉬운 사람은 더 쉽게 이해할 수 있다.

이야기가 모호하고 감이 잡히지 않는다는 말을 듣는 문제점을 해결하려면 이처럼 구체와 추상 사이를 자유자재로 오가는 **구체 ↪추상 사고력**을 키워야 한다. **사고의 그림 안에서 이를 조절하는 힘**을 터득할 필요가 있다.

일 잘하는 사람에게
보이는 세상은 다르다

99%의 사람에게는 보이지 않는 것이 보인다

자, 다른 이야기로 넘어가 여러분이 생각하는 '일 잘하는 사람'
은 어떤 사람인가?

- 일 처리가 빠른 사람?
- 소통을 잘하는 사람?' 아니면 '리더십 있는 사람?

모두 일리가 있지만 여기서는 '일의 본질'부터 생각해 보자.
과연 무엇이 일의 본질일까?
'일'이란 기본적으로 문제를 해결하는 것이다.
소비자나 고객에게 어떤 문제가 있다. 그러면 이 문제의 해결책을 제시해야 한다. 그 대가로 소비자나 고객에게 돈을 받는다.

이것이 '일의 본질'이다. 회사는 문제 해결을 위해 존재한다고도 볼 수 있다. 소비자나 고객을 직접 만나지 않는 직종이어도 이 본질은 달라지지 않는다. 회사나 상사에게 지시받은 일의 마지막 단계에는 무조건 소비자나 고객이 있어 소비자나 고객을 고려한 아웃풋이 나와야 한다.

그렇다면 이런 경우, 일을 잘하는 사람과 일을 못 하는 사람의 격차는 어디서 벌어질까? 바로 다음 2가지 지점에 달려 있다.

❶ 다른 사람이 발견하지 못한 문제를 얼마나 찾을 수 있는가?

❷ 다른 사람이 알아차리지 못한 해결책을 얼마나 찾을 수 있는가?

이처럼 '문제'와 '해결책'에서 다른 사람에게 보이지 않는 것이 보이기에 격차가 발생하며, 이 격차가 '일을 잘하는 사람'으로 만든다.

일의 본질에는 한 가지 사실이 더 있다. 일은 결코 혼자서 할 수 없다는 것이다. ❶이나 ❷처럼 설령 다른 사람에게는 보이지 않는 문제나 해결책이 보인다 해도 현실에서 아무것도 하지 못하면 의미가 없다. 이것을 기점으로 사람을 끌어들여야 일이 진척된다. 따라서 다음의 ❸도 일을 잘하는 사람의 필수 조건이 된다.

❸ 다른 사람에게 보이지 않는 문제나 해결책을 다른 사람도 볼 수 있도록 전달할 수 있다.

이 3가지 관점이 있으면 다른 사람에게 보이지 않는 것을 유일하게 볼 수 있을 것이다. 그렇기에 일에도 '가치'를 부여할 수 있다. 이것이 바로 일을 잘하는 사람의 본질이다.

보이는 세상은 사고의 렌즈 해상도가 정한다

그렇다면 다른 사람에게는 보이지 않는 것을 유일하게 보는 상태가 되기 위해 필요한 능력은 무엇일까?

❶ 다른 사람이 발견하지 못한 문제를 얼마나 찾을 수 있는가? → 구체화 사고력
❷ 다른 사람이 알아차리지 못한 해결책을 얼마나 찾을 수 있는가? → 추상화 사고력
❸ 다른 사람에게 보이지 않는 문제나 해결책을 다른 사람도 볼 수 있도록 전달할 수 있다→구체 ⇆ 추상 사고력

표면만 보아서는 소비자나 고객의 진짜 문제를 알 길이 없다. 아주 깊이 파고들어 잠재적 문제까지 도달하려면 '구체화 사고력'

이 꼭 필요하다. 하지만 이 구체화 사고력의 깊이 파고드는 힘은 어디까지나 기존의 사실만 파헤칠 뿐이다. 여기서 새로운 해결책이 나오기는 힘들다. 이때 필요한 것은 '추상화 사고력'보다 자기 나름의 깨달음을 얻는 능력이다. 그리고 ❶과 ❷를 많은 사람에게 알리고 끌어들일 필요가 있다. 이것이야말로 '구체 ⇆ 추상 사고력'의 힘이다.

일의 본질이라는 관점에서 볼 때 우리가 보고 있는 세상은 이 3가지 능력이 얼마나 뛰어난가로 정해진다. 이 3가지 능력을 모두 겸비한 존재가 곧 해상도가 높은 사람이다. 일을 잘하는 사람은 결국 **해상도가 높은 사람**을 뜻하는 것이다.

2장

해상도는
어떻게 높일까

'기능이 뛰어난 사고 렌즈'를 가져라

'해상도'란 구체적으로 무엇일까?
'일 잘하는 사람'이 왜 '해상도가 높은 사람'인 걸까?
1장에서 이 질문들에 답했다.

그렇다면 해상도가 높은 사람이 되려면 어떻게 해야 할까?
prologue에서 설명했듯 그 답은 '구체 ↩ 추상 훈련'에 있다.

왜 구체 ↩ 추상 훈련으로 해상도가 높아질까?

2장에서는 해상도가 높은 사람의 특징을 속속들이 파헤쳐 그 이유를 밝힌다.

해상도가 높은 사람은
어떤 사람인가

이번 장에서는 해상도 높이는 방법을 설명한다. 결론부터 말하면 그 답은 '구체 ↔ 추상 훈련'에 있다.

그 이유를 설명하기에 앞서 해상도가 높은 사람이 가진 특징부터 살펴보자. prologue와 1장에서도 말했듯 몇 가지 요소로 분해하여 정의하면 다음과 같은 3가지 특징이 나온다.

[특징 1] 99%의 사람에게는 보이지 않는 곳까지 모든 일이 세세하게 보인다

해상도가 높은 사람의 첫 번째 특징은 모든 일이 세세하게 보인다는 것이다.

영업 부서를 생각해 보자.

이번 달 수주 목표를 달성하지 못했다. 이때 해상도가 낮은 사람은 세세하게 분해하지 않고 두루뭉술한 상태에서 일을 시작한다. 이를테면 수주 건수가 부족하면 고객 영업용 대본을 수정해보자는 식이다. 이 말을 한 사람에게 왜 그렇게 해야 하냐고 물어도 대답하지 못한다.

반면 해상도가 높은 사람은 모든 일을 세세하게 분해하고 고민한다. 쉽사리 결론을 도출하지 않고 수주라는 결과에 도달하기까지 과정을 먼저 분해하는 것이다. 'DM → 전화 → 약속 → 면담 → 제안 → 안건' 같은 식이다.

그리고 각 과정에 질문을 한다.

- 이번 달은 몇 건씩 성공했는가?
- 과거의 수치와 목표량에 비해 얼마나 부족한가?

여기까지 세세하게 분해한 뒤 "전년 동월 대비 전화 건수가 부족하네. 이번 달 수주 목표를 달성하지 못한 원인은 전화 건수가 적었기 때문이었어."라고 세세하게 분해한다. 합당한 원인을 밝혀내고 개선에 나서는 것이다. 그들은 "왜?"라는 질문을 받으면 단번에 구체적인 수치를 근거 삼아 설명한다.

이 사고의 과정은 문제의 원인 분석에만 쓰이지 않는다. 고객의 상을 구체화한 뒤 지금 고객의 가장 큰 고민거리가 무엇인지 파악하고, 그 고민을 어느 정도의 빈도로 느끼는지, 그 순간 어떤 감정이 드는지, 그 고민을 해결하기 위해 어떤 상품과 서비스를 구매하고 있는지, 어떤 해결책을 생각하고 있는지 등을 꼼꼼하게 살펴본다.

해상도가 높은 사람이 질문을 받았을 때 막힘없이 구체적으로 이야기할 수 있는 이유는 평상시에도 이런 사고 과정을 통해 모든 일을 세세하게 보고 있기 때문이다.

[특징 2] 99%의 사람들에게는 보이지 않는 독특하고 예리한 통찰이 있다

해상도가 높은 사람의 첫 번째 특징으로 모든 일이 세세하게 보인다. 하지만 이 한 가지만으로는 해상도가 높은 사람을 전부 설명할 수 없다. 해상도가 높은 사람의 두 번째 특징은 독특하고 예리한 통찰이 있다는 것이다.

어느 카피라이터에게 전해 들은 일화를 소개한다.

어느 날, 그는 질문을 받았다.

"사람들과 소통할 때 무엇이 중요한가요?"

나는 "어떻게 말하고 어떻게 전달할지를 신경 쓴다."라고 대답했을 줄 알았다. 실제로 해상도가 낮은 사람은 이렇게 단순한 의견을 말한다.

하지만 그의 대답은 예상 밖이었다.

"상대방이 가진 '욕망의 벡터vector'에 집중합니다."

그는 그 말뜻을 설명했다.

"사람이란 자고로 감정을 지닌 생물이지요. 말하고 있는 그 순간순간마다 '이렇게 하고 싶다.'라는 무의식적인 욕망을 지니고 있어요. 제 이야기를 듣게 하려면 이 욕망을 억지로 꺾지 않는 것이 중요합니다."

이 말을 듣고 곰곰이 생각해 보니 말하고 전달하는 방법은 같은데 A라는 사람에게는 호감이 느껴졌고, B라는 사람은 비호감으로 느껴진 적이 여러 번 있었다. 같은 방법인데 다른 느낌이 드는 이 설명하기 어려운 현상이 일어난 이상 어떻게 표현하고 어떻게 전달하는지는 소통의 본질이 아니라는 의미였다.

그렇다면 무엇이 소통의 본질일까? 이 카피라이터는 지금까지 거대한 소통을 봐 오면서 성공한(또는 실패한) 모든 소통의 공통점을 통해 이 '욕망의 벡터'가 관련 있음을 깨달았다고 한다.

결론적으로 무언가 단 하나만 또는 눈에 잘 보이는 표면적인 곳만 보고서 '단순한 결론'을 말하는 것이 아니라 모든 일의 배경에 숨어 있는 '본질'을 꿰뚫어 보는 것이 중요하다는 것이다.

이렇게 주변을 놀라게 하는 예리한 통찰이 있는 사람이 곧 해상도가 높은 사람이다.

[특징 3] 99%의 사람들도 볼 수 있도록 모든 일을 이해하기 쉽게 전달한다

해상도가 높은 사람이 갖춘 세 번째 특징으로 모든 일을 이해하기 쉽게 전달한다는 요소가 꼽힌다. 지금까지 본 [특징 1]과 [특징 2]의 사례는 '99%의 사람들에게는 보이지 않는다'와 관련 있다. 하지만 당사자에게만 보이면 주변에서 해상도가 높다고 인정해 주지 않는다. 왜냐하면 그 사람에게 보인다는 사실을 제3자가 확인할 수 없어 설득력이 떨어지기 때문이다. [특징 1]과 [특징 2]는 다른 사람에게는 보이지 않는 것이 보이기에 가치가 있지만, 만약 다른 사람에게 보이지 않는 것을 다른 사람이 이해할 수 있게 전달하지 못하면 그저 무슨 말을 하는지 알 수 없는 사람으로 전락하고 만다.

그런 점에서 해상도가 높은 사람은 자신에게 보이는(동시에 99%의 사람들에게는 보이지 않는) 것을 마치 모두 볼 수 있는 것처럼 이해하기 쉽게 전달하는 능력을 갖춰야 한다.

일본의 개그 콤비 '킹콩'의 멤버인 니시노 아키히로西野亮廣는 해

53

상도가 높은 사람으로 꼽힌다. 니시노는 개그맨 외에도 배우, 그림책 작가, 소설가, 작사가, 기업 경영인 등 다양한 방면에서 활약하고 있다. 이런 그가 긴키대학의 졸업식에 초청받아 축사했을 때의 에피소드다. 이날 니시노는 졸업생들에게 "인생에 실패 따위는 없다."라는 메시지를 전했는데, 전설로 남을 축사로 널리 알려져 있다.

요약해서 소개하면 니시노는 "시계탑의 긴 바늘과 짧은 바늘은 하루에 몇 번 만날까?"라는 질문으로 인생을 시계에 비유했다. 1시 대는 1시 5분, 2시 대는 2시 10분…. 이런 식으로 매시간 약 5분씩 어긋나면서 두 바늘이 만난다. 짧은 바늘이 한 바퀴 도는 데는 12시간이 걸린다. 한 시간에 한 번씩 만나는 것이므로 단순하게 생각하면 하루에 24번 만난다는 계산이 나온다.

그런데 정답은 22번이다. 왜냐하면 11시 대는 긴 바늘과 짧은 바늘이 만나는 타이밍이 없기 때문이다. 두 바늘이 만났을 때는 이미 12시를 가리키고 있다. 12시가 되면 시계탑에서는 종이 울린다. 그가 정말로 졸업생들에게 하고 싶었던 말은 "인생도 똑같다. 종이 울리기 전까지는 보상받지 못하는 시간이 반드시 생긴다. 물론 내게도 그런 시절이 있었다. 그렇지만 그것은 실패가 아니다. 세상의 타이밍과 마음속 타이밍이 완벽하게 만나는 순간은 반드시 온다. 만약 지금 보상받지 못하는 시간을 보내고 있다면 나는 인생의 11시 대를 맞이하고 있다고 생각했으면 좋겠다."라는 메시지였다.

'인생(인생에는 보상받지 못하는 시간이 있다)'은 수많은 사람에게는 보이지 않는다. 왜냐하면 형태가 없기 때문이다. 그리고 당시 축사를 듣고 있는 대상은 대학생이었다. 물론 머리가 좋은 사람들이지만 형태가 없고, 보이지 않는 것을 이해하는 것은 결코 쉬운 일이 아니다. 필시 그는 대학생이라면 '구체적인 이야기'가 더 이해하기 쉬운 사람들이라고 생각했을 것이다. 그의 이야기가 재미있는 이유는 '인생'이라는 형태가 없는 것을 '시계'라는 형태가 있는 것에 비유했기 때문이다. 이렇게 해서 그는 수많은 사람이 볼 수 있도록 만들었다.

해상도가 높은 사람의 대표 주자인 니시노에게는 '인생'이라는 단어 하나만 있어도 머릿속에 이미지가 떠오르고 수긍이 가며 이해가 될 것이다. 하지만 구체적인 것이 더 이해하기 쉬운 사람은 알 듯하면서도 이미지가 떠오르지 않는다. 이처럼 내가 이해하고 있는 것을 그대로 전했음에도 상대가 이해하지 못할 때, 다른 사람도 이해할 수 있도록 만드는 사람이 해상도가 높은 사람이다.

해상도가 높은 사람이 되려면 어떻게 해야 할까

이제 해상도가 높은 사람의 3가지 특징이 보이기 시작했다. 그렇다면 이 3가지 특징을 가지려면 어떻게 해야 할까? 각각 차례대로 살펴보자.

[방법 1] 어떻게 하면 모든 일이 세세하게 보일까 → '구체화 사고력'을 키운다

▶ 구체화란 무엇인가

해상도가 높은 사람의 첫 번째 특징인 모든 일이 세세하게 보이는 상태가 되려면 어떻게 해야 할까? 이때는 구체화 사고력을 키워야 한다. 그 이유를 설명하기에 앞서 구체화란 무엇인가부터

짚어 보자.

'구체화'란 말 그대로 구체적으로 만든다는 뜻이다. 조금 더 자세히 말하면 **하나의 일이나 개념을 다른 것으로 나눈다**는 뜻이다. 예를 들어 '생물'을 구체화해 보자. 생물을 구체화하면 우선 동물, 식물, 세균 등으로 나눌 수 있다. 여기서 동물을 구체화하면 포유류, 어류, 조류 등으로 나눈다. 더 나아가 포유류를 구체화하면 코뿔소, 사자, 코끼리 등으로 나눌 수 있다. 또 한 번 코뿔소를 구체화하면 검은코뿔소, 흰코뿔소, 인도코뿔소 등으로 나눌 수 있다. **이렇게 피라미드 위에서 아래로 내려가는 작업이 '구체화'다.**

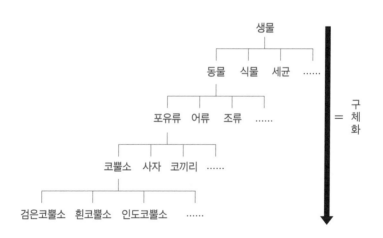

[표 2] 구체화란 무엇인가(예시 ①)

또 다른 예시로 '일본'이 꼭대기에 있는 피라미드를 생각해 보자. 지리의 관점에서 일본을 구체화하는 경우 꼭대기에서 하나 아래의 두 번째 층은 동일본과 서일본 2가지로 분해할 수 있다. 두 개 아래의 세 번째 층에서는 동일본을 세분화하여 간토코신에쓰關東甲信越(일본의 간토지방에 야마나시현, 나가노현, 니가타현을 포함해 일컫는 지역명), 도호쿠東北, 도카이東海, 홋카이도北海道가 된다. 세 개 아래의 네 번째 층에서 간토코신에쓰를 세분화하면 도쿄도東京都, 사이타마현埼玉県, 지바현埼玉県, 가나가와현神奈川県, 군마현群馬県, 도치기현栃木県 등이 나온다. 네 개 아래의 다섯 번째 층으로 가면 '도쿄도'는 23구区, 26시市, 5정町, 8촌村으로 분해되어 점점 쪼개진다. 즉 구체

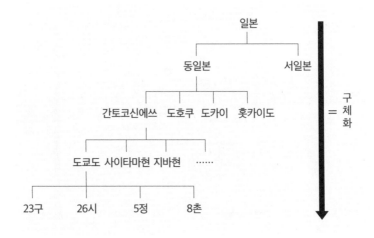

[표 3] 구체화란 무엇인가(예시 ②)

화를 하는 것은 상당히 큰 개념 하나를 계층화 및 세분화해나가는 과정을 의미한다.

그런데 이때 정확히 무엇을 한다는 것일까? 그것은 바로 **비슷한 것들 사이에 차이를 두는 것**이다. 생물에는 동물, 식물, 세균 등이 있다. 이들은 같은 생물의 분류에 포함되므로 비슷한 것들이지만 그들 사이에도 조금씩 차이는 있다. 이렇게 비슷해 보이지만 차이가 있는 것을 구분하는 과정이 바로 '구체화'다.

▶구체화를 하면 왜 모든 일이 세세하게 보일까

지금까지 설명으로 구체화를 하면 왜 모든 일이 세세하게 보이는지 이해했을 것이다. 구체화란 비슷한 것들 사이에 차이를 두는 것이며 이 과정 자체가 모든 일을 자세하게 보는 것과 같기 때문이다.

예들 들어 레스토랑 사장이 목표를 '수익 증대'로 세웠다고 해보자. 이때 두루뭉술하게 보는 사람은 이 수익 증대를 분해하지 않고 단순하게 "그러면 전기 요금을 절약하자."라는 등의 결론을 낸다.

반면 같은 상황에서 모든 일을 세세하게 본다면 수익 증대를 위한 일에는 무엇이 있는지 분해한다.

'수익'은 매출에서 비용을 제한 나머지이므로 수익을 증대하려면 매출을 올리거나 비용을 줄이는 방법밖에 없다. 아니면 둘 다 해야 한다. 뭉뚱그려서 매출과 비용이라고 말했지만 사실 그 속을 들여다보면 매우 복잡하게 뒤얽혀 있다. 레스토랑의 경우 매출을 높이는 방법으로 이용 고객 수 늘리기, 단가 인상하기, 회전율 높이기 등이 있다. 여기서 이용 고객 수를 늘리기도 다시 신규 고객 유치하기, 고정 고객 방문 횟수 늘리기, 재방문율 높이기로 분해가 된다.

비용을 줄일 때도 마찬가지로 임대료, 인건비, 관리비, 재료비, 판촉비 등 여러 비용으로 분해할 수 있다.

수익 증대에는 매출(증대)과 비용(삭감) 2가지가 있다. 여기서 매출(증대)을 분해하면 이용 고객 수 늘리기, 단가 인상하기, 회전율 높이기 등이 있다. 그리고 이를 좀 더 명확하게 분해한다. 이 과정이 바로 비슷한 것들 사이에 차이를 두는 작업인 동시에 모든 일을 세세하게 보는 행위다.

이러한 구체화 사고 과정을 밟지 않고 "전기 요금을 절약하자." 처럼 단순하게 행동하면 어떤 결과가 나올까? 애당초 레스토랑의 전반적인 비용 중에서 전기 요금은 아주 작은 항목에 지나지 않는다. 그리고 조명비는 전기 요금의 여러 항목 중 하나에 불과하며 냉난방이나 환기에 관련된 비용이 더 큰 비율을 차지할 수도 있다. 또 조명이 어두우면 레스토랑의 이미지가 타격을 받아 고

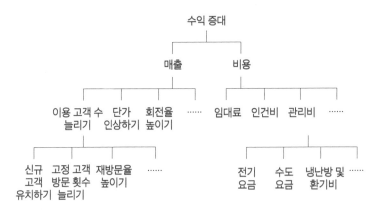

[표 4] 수익 증대를 구체화하다

객이 줄어들 것이다. 그림자가 져서 생산성이 저하되고 손님에게 음식이 늦게 나갈 수도 있다. 식기에 묻은 이물질을 미처 보지 못해 손님의 원성을 살지도 모른다. 레스토랑 내부가 어두우면 식기를 깨뜨리거나 비품을 훼손하는 실수도 많아지고 그로 인해 오히려 비용이 증가할지 모른다. 이처럼 매출에 부정적인 영향이 미치는 일들만 예상될 뿐이다.

이처럼 판단을 그르치지 않기 위해 구체화 사고로 얼마만큼 모든 일을 세세하게 볼 수 있는지가 중요하다.

[방법 2] 어떻게 하면 독특하고 예리한 통찰이 생길까 → '추상화 사고력'을 키운다

▶추상화란 무엇인가

해상도가 높은 사람의 두 번째 특징인 독특하고 예리한 통찰이 있는 상태가 되려면 어떻게 해야 할까? 이때는 '추상화 사고력'을 키워야 한다. 어째서일까? 그 이유를 설명하기에 앞서 구체화가 무엇인지부터 생각해 보자.

'구체'와 '추상'은 반대 개념이다. 따라서 '추상화'는 '구체화'와 반대로 피라미드를 아래에서 위로 올라가는 작업이다. 앞에서 본 '일본'의 '지리' 예시를 그대로 역전시키면 이해하기 쉽다. 이를테면 당신이 도쿄역에 있다고 해 보자. 도쿄역 주변에는 마루노우치丸の内, 오테마치大手町, 유라쿠초有楽町 등이 있는 지요다구千代田区와 니혼바시日本橋, 야에스八重洲, 교바시京橋 등이 있는 주오구中央区가 있다. 여기서 한 층 올라가면 23구, 그다음은 도쿄도 → 간토코신에쓰→동일본→일본으로 점점 범위가 확대된다.

추상화의 기준은 서로 다른 것들 사이에서 공통점을 발견하는 것이다. 도쿄도, 사이타마현, 지바현의 공통점은 무엇일까? 간토코신에쓰다. 그렇다면 간토코신에쓰, 도호쿠, 도카이, 홋카이도의 공통점은 무엇일까? '동일본'이다. 그렇다면 동일본과 서일본

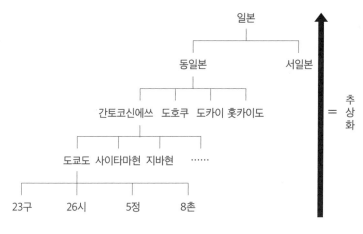

[표 5] 추상화란 무엇인가

의 공통점은 무엇일까? '일본'이다. 더 나아가 일본을 추상화하면 동아시아→북반구→지구→태양계…. 이런 식으로 얼마든지 추상도를 높일 수 있다.

공통점을 발견함으로써 사고의 단계가 계속 위로 올라간다. 이런 식으로 피라미드의 꼭대기까지 형태를 만들어가는 작업이 추상화다.

▶추상화를 하면 왜 예리한 통찰이 생길까

다르게 말하면 '공통점을 발견하는 것'이 왜 예리한 통찰로 연결될까? 그 이유는 예리한 통찰이 성공 사례의 공통점에서 도출

되기 때문이다.

신입 영업사원이 빨리 잘나가고 싶어 매출 실적 1위를 달성한 최고 영업사원의 방식을 따라 하는 일은 흔하다. 하지만 이것만으로 그리 쉽게 성과가 나올 리 만무하다. 만약 최고 영업사원이 시원시원하고 밝은 유형이라면서 이 모습을 흉내 내면 그만이라고 생각한다. 그야말로 '단순한 해결책'이다. 왜 똑같은 방법으로는 비슷한 성과가 나오지 않을까? 바로 한 가지 사례만 보고 표면만 훑었기 때문이다. 곰곰이 생각해 보면 영업 실적이 뛰어난 사람 중에는 차분한 유형도 많이 있다. 이런 성격을 가진 사람들도 성과를 내고 있다는 사실을 간과하고, 시원시원하고 밝은 성격이라는 한 가지 사례만 보고 단순하게 흉내 냈기 때문에 헛다리를 짚고 만 것이다.

그렇다면 어떻게 해야 할까? 최고 영업사원 한 명만 보는 것이 아니라, 매출 실적이 높은 열 명의 방식을 각각 살펴보고 공통점을 추출하는 방법으로 접근해야 한다.

매출 실적 1위의 한 개인에게 한정된 경우와 다르게 상위 집단의 공통된 방식이라면 객관적이면서 본질적이다. 이렇게 10명의 공통점을 찾았는데 실은 '물러설 때를 잘 안다'가 모두의 공통된 특징일 수도 있다. 사람은 감정이 있는 생물이다. 그리고 스스로 결정하길 원하는 생물이기도 하다. 그래서 비즈니스 미팅 시간의

9할은 오히려 경청에 할애하고 밀어붙이기보다 한 발 뒤로 물러서도록 의식한다. 이 방법이라면 영업 실적이 뛰어난 사람 중에 차분한 유형도 있다는 모순도 설명할 수 있다. 또한 기존에 알고 있던 영업사원의 야무진 이미지와 다르다는 점을 보고 새로운 깨달음을 얻을 수도 있다.

핵심은 표면상 잘 보이는 한 가지 부분만 보는 것이 아니라, 모든 성공 사례의 공통된 요소이면서 잘 보이지 않는 부분까지 발견하는 것이다. 성공 사례의 공통점을 알면 그 배경에 숨어 있는 새로운 깨달음을 얻게 돼 추상화가 가능한 사람의 의견에 무심코 탄성이 나온다.

이처럼 추상화를 통해 통찰이 생긴 예시로 소프트뱅크 그룹의 창업자인 손정의에 얽힌 에피소드를 보자.

손정의는 '시가총액 10조 엔 달성'이라는 목표를 정한 뒤 사장실 벽면에 전 세계에서 시가총액이 높은 기업 10곳의 데이터를 붙여놓고 매달 상위권에 있는 기업을 관찰했다. 손정의의 참모라고 불리는 전 소프트뱅크 비서실장 시마 사토시嶋聰가 준비한 데이터를 손정의가 분석해 공통점을 추출했다. 그리고 이를 경영 전략에 도입하여 실제로 소프트뱅크의 시가총액이 10조 엔을 달성했다. prologue에서 추상화 사고가 가능한 사람일수록 유능하고 일 잘하는 사람이라고 설명했는데 과연 손정의 같은 사람이 경영자가 되면 추상화 사고는 누워서 떡 먹기가 된다.

[방법 3] 어떻게 하면 모든 일을 이해하기 쉽게 전달할 수 있을까 → '구체 ⇆ 추상 사고력'을 키운다

▶ **'구체 ⇆ 추상'란 무엇인가**

해상도가 높은 사람의 세 번째 특징인 모든 일을 이해하기 쉽게 전달할 수 있는 상태가 되려면 어떻게 해야 할까? 이때는 '구체 ⇆ 추상 사고력'을 키워야 한다. 어째서일까?

구체 ⇆ 추상 사고는 원래 일반적으로 쓰이는 용어가 아니다. 일종의 조어이기에 이 말이 무엇을 의미하는지부터 정의할 필요가 있다.

'구체 ⇆ 추상 사고'란 앞에서 보았다시피 피라미드를 아래서 위로 올라가거나 위에서 아래로 내려가면서 구체와 추상 사이를 오가는 것을 뜻한다.

앞에서 본 구체화 사고나 추상화 사고에 등장한 피라미드를 떠올려 보자. 피라미드의 꼭대기가 가장 추상적인 '추상도 100%', 밑바닥은 가장 구체적인 '구체도 100%'로 이루어져 있다. 그기에 구체화 사고는 이 피라미드의 가장 아래쪽을 향해 파고 들어가는 사고이고, 추상화 사고는 피라미드의 꼭대기를 향해 쌓아 올라가는 사고이다. 그에 반해 '구체⇆추상 사고'는 이 꼭대기와 밑바닥 사이를 오가는 사고다.

두말할 필요도 없이 '구체⇆추상 사고'는 구체화 사고와 추상화 사고가 모두 능숙한 사람만 할 수 있다. 누구나 당장 할 수 있는 것이 아니다. 그러나 [방법 1]과 [방법 2]를 충분히 훈련한 사람이라면 어렵지 않게 이 사고를 습득할 수 있다.

▶ 왜 '구체⇆추상'을 하면 모든 일을 이해하기 쉽게 전달될까

이제 '구체'와 '추상'이 무엇인지 여러분도 이해했을 것이다. 사람은 모두 같은 세상을 보고 있지 않다. 오히려 저마다 다른 세상을 보고 있다고 해도 과언이 아니다.

보이는 세상의 차이는 '구체⇆추상 정도'의 차이다. 그러나 이 세상은 구체도 100%인 세상 또는 추상도 100%인 세상에 사는 사람만 존재하지 않으니 자신에게 맞춰 구체나 추상에 가깝게 최적의 층에서 이야기를 나눈다.

만약 상대의 구체⇆추상 정도에 맞지 않은 대화를 하면 설령 틀린 말을 일절 하지 않아도 당신의 의도는 상대에게 전달되지 않는다. 게다가 오해받는 수준을 넘어 상황에 따라 근본부터 전혀 이해받지 못한다.

의사소통이 원활하지 않은 경우 '전달하는 방법'과 '표현하는 방법'에 문제가 있다고 생각해 대화가 쉬워지는 수업을 들으려는 사람이 있다. 하지만 이런 수업을 들어도 당신의 고민은 해결되지 않는다. 왜냐하면 정보가 정확하게 전달되지 않는 상태가 발생하는 원인의 대부분은 상대와 나의 '구체 ↩ 추상 정도'의 차이에서 비롯되기 때문이다. 구체적인 이야기를 이해하기 쉬운 사람에게 추상적인 이야기를 하거나 반대로 추상적인 이야기를 이해하는 사람에게 구체적인 이야기를 하면 상대는 이해가 되지 않아 소통에 스트레스를 받는다. 그러므로 **모든 일을 이해하기 쉽게 전달할 수 있다는 것은 결국 '구체 ↩ 추상의 정도'를 상대와 맞출 수 있다는 뜻이다.**

참고로 여기서는 구체에 맞추는 작업이 특히 중요하다. **왜냐하면 이 세상의 수많은 이들이 구체의 세상에 살고 있기 때문이다.** 따라서 정보가 정확하게 전달되지 않는 상황이 많이 발생한다면 구체적인 이야기가 더 이해하기 쉬운 사람에게 추상도가 높은 이야기를 하는 것이다. 이들과 대화할 때는 특히 '구체 ↩ 추상' 사이를 오가는 사고를 의식해야 한다. 그리고 정보를 정확하게 전달하기 위해서라도 대다수가 사는 구체의 세상에 맞춘 추상도(구체도)로 이야기하는 것이 중요하다.

질문이
사고의 속도를 높인다

모든 사고는 '질문'에서 출발한다

prologue에서도 언급했지만 3장부터는 퀴즈 형식의 실전 훈련으로 구성되어 있다. 각 장의 목적은 지금까지 설명한 구체화 사고력, 추상화 사고력, 구체↩추상 사고력을 키우는 데 있다. 퀴즈 형식인 이유는 사고는 질문을 통해 움직이기 때문이다. 초등학교에서도 어린이집이나 유치원에서도 신입생을 교육할 때는 선생님의 질문에서 출발한다. 왜냐하면 모든 사고는 질문에서 출발하기 때문이다.

여러분도 아웃풋에 대한 피드백을 받은 후에 새로운 아이디어가 떠오른 적이 있지 않은가? 다른 사람의 피드백이 질문이 되어 당신의 사고 속도를 높였기 때문이다. 본래부터 사고력이 있는 사람은 의식적이든 무의식적이든 평소에 자문자답을 반복하면서 사고에 깊이를 더하는 습관이 배어 있다.

질문의 종류에 따라 사고가 달라진다

어떤 질문을 받는지에 따라 어떤 사고의 속도가 높아지는지 달라진다. 자세한 내용은 각 장의 서두에서 설명하겠지만, 3장의 '구체화 사고 훈련'은 비교하고 차이점을 질문하는 퀴즈로 구성돼 있다. 왜냐하면 구체화란 비슷한 것들 사이에서 차이점을 발견하는 작업이기 때문이다. 4장의 '추상화 사고 훈련'은 비교하고 공통점을 질문하는 퀴즈로 구성돼 있다. 그 이유는 추상화란 다른 것들 사이에서 공통점 발견하는 작업이기 때문이다. 마지막 5장인 '구체⇆추상 훈련'에서는 비교하고, 그 사이에 무엇이 있는지 질문하는 퀴즈로 구성돼 있다. 구체⇆추상 사고란 구체와 추상의 사이를 오가는 작업이기 때문이다. 각 사고력을 키우기 위해 최적의 학습 과정을 준비해 놓았다.

자, 마음의 준비가 되었는가?

3장부터는 드디어 해상도를 높이는 사고력 훈련을 본격적으로 시작한다.

예시 답안은 하나의 예일 뿐이니 자신만의 답을 생각해 보길 바란다.

3장

사고의 화소를
높여라

구체화 사고 훈련

2장까지 해상도가 높은 사람이 되려면
구체화 사고력, 추상화 사고력, 구체 ↔ 추상화 사고력
이 3가지 사고력을 키워야 하는 필요성을 설명했다.

지금부터는 구체적인 해상도 훈련에 돌입한다.

이번 3장에서는 구체화 사고력을 훈련한다.
이 훈련을 하면 사고의 화소 수가 늘어나 모든 일이 세세하게 보인다.

이 훈련은 이미 일상에서 수도 없이 노력했을 것이다.
일할 때마다 '구체적으로 생각하자'라고 말이다.

그런데 왜 마음처럼 되지 않을까?
어떻게 하면 구체화 사고가 가능해질까?
우선 그 요령부터 알아보자.

어떻게 하면 '구체화 사고'가
가능해질까

구체화란 비슷한 것들 사이에서 차이점을 찾아내는 것이다

해상도가 높은 사람의 첫 번째 특징인 모든 일이 세세하게 보이는 상태가 되려면 구체화 사고력을 키울 필요가 있다고 2장에서 설명했다.

"모든 일을 제대로 이해하지 못한다."

"생각에 빈틈이 많고 구체성이 부족하다."

이런 문제는 '해상도' 중에서도 '구체화 사고력'을 키우면 해결이 가능하다.

그러나 지금까지 "구체적으로 생각하자."라고 수없이 노력했지만 생각한 대로 되지 않아 힘들었을 것이다. 그렇다면 어떻게 해야 구체화 사고가 가능해질까? 이를 설명하기에 앞서 구체화의 본질을 다시 복습해 보자. 구체화의 본질은 비슷한 것 사이에 차이를 두는 것이었다.

2장에서 생물을 구체화하는 예시를 함께 보았다. 생물을 동물, 식물, 세균 등으로 구체화할 때 어떻게 했는지 기억을 떠올려 보자. 동물도 식물도 세균도 생물이라는 공통점이 있다. 서로 비슷한 것들이다.

하지만 비슷한 것들이라도 저마다 다른 점이 있다. 동물은 자신의 의지로 움직이지만, 식물은 일부를 제외하면 움직이지 않는다. 세균은 다른 둘과 비교해 대부분 눈에 보이지 않는다. 이 밖에도 다른 점이 많아 보인다. 서로 비슷하게 보여도 다른 점이 있다. 그래서 각기 다른 고유의 이름을 붙여 분해하는 것이다. 이렇게 비슷한 것들 사이에서 차이를 두는 작업이야말로 구체화의 본질이다. 이런 식으로 계속해서 피라미드를 아래로 파고 내려가면 마지막에는 더는 분해할 수 없는 곳에 도달한다.

비교하고 무엇이 다른지 질문하면 구체화 사고의 속도가 높아진다

2장 마지막에 사람은 질문을 받음으로써 사고의 속도가 높아진다고 설명했다.

- 구체화란 비슷한 것 사이에 차이점을 두는 것이다.
- 사람은 질문을 받음으로써 사고의 속도가 높아진다.

이 2가지를 바탕으로 구체화 사고의 속도를 높이는 요령은 바로 비교하고 무엇이 다른지 질문하는 것이다.

구체적인 예시를 들어보겠다. 아쿠아리우스(일본 코카콜라에서 출시한 이온 음료)라는 음료가 있다. "아쿠아리우스의 특징을 구체적으로 답하시오."라는 말을 들으면 여러분은 바로 답이 떠오르는가? 즉시 답을 하기에는 갈피를 잡기 힘들고 구체화가 가능하다고 해도 시간이 조금 걸릴 것이다.

하지만 **"아쿠아리우스의 특징을 포카리스웨트와 비교하면서 구체화하시오."**라는 말을 들으면 대답하기가 훨씬 수월해진다.

여러 접근법이 있겠지만 먼저 "어떤 상황에서 마시는가?"로 접근해 보자. 포카리스웨트는 감기에 걸렸을 때 등 몸 상태가 좋지 않을 때 마신다는 이미지가 있다. 아쿠아리우스는 오로지 고등학교 운동부가 스포츠 활동할 때 마신다는 이미지다. 영양 성분도 비교해보자. 각 제조사의 영양 성분표에 따르면, 100밀리미터당 영양 성분은 [표 6]과 같다.

	아쿠아리우스	포카리스웨트
열량	19kcal	25kcal
단백질	0g	0g
지방	0g	0g
탄수화물	4.7g	6.2g
식염상당량	0.1g	0.12g
칼륨	8mg	20mg
마그네슘	1.2mg	0.6mg
칼슘	—	2mg
아이소류신	1mg	—
발린	1mg	—
류신	0.5mg	—

[표 6] 아쿠아리우스와 포카리스웨트의 영양 성분

단백질과 지방의 함유량은 0g으로 똑같다. 열량은 포카리스웨트가 더 높고 탄수화물 함유량도 포카리스웨트가 더 높으며 칼슘이 들어 있다. 그에 비해 아쿠아리우스는 마그네슘 함유량이 포카리스웨트의 두 배에 달하고, 아이소류신, 발린, 류신(BCAA라고 총칭하며 운동 시 열량원이 되는 필수 아미노산)이 영양 성분표에 적혀 있다.

이렇게 비교해 보니 땀을 흘린 뒤 수분을 보충한다는 목적은 서로 비슷하지만, 포카리스웨트는 몸 상태가 좋지 않을 때 발열로 인한 땀, 아쿠아리우스는 고강도 운동 후 체온 상승으로 인한 땀으로 손실된 수분을 보충해 준다는 식으로 차별화를 할 수 있다. 이처럼 비교하고 무엇이 다른지 질문하기를 통해 단번에 구체화 사고의 속도를 높일 수 있다.

당신이 만약 아쿠아리우스 영업 담당자라면 "포카리스웨트는 감기에 걸렸을 때 효과적이지만, 여름철 무더운 시기에 고강도 운동을 끝낸 후 피로를 없애려면 저희 회사의 아쿠아리우스가 더 효과가 좋습니다."라는 식으로 설득력을 발휘할 수 있다.

이제부터 시작할 구체화 사고 훈련은 이와 같이 비교하고 무엇이 다른지 질문하는 형식으로 구성돼 있다.

이 책을 끝까지 읽고 난 후에라도 여러분에게 구체적으로 생각하고 싶은 상황이 오면 비교하고 무엇이 다른지 질문해 보길 바란다. 그러면 구체화 사고의 속도가 높아질 것이다.

이제부터는 실제로 문제를 풀어보는 구체화 사고 훈련에 들어간다. 책에 쓰인 내용을 단순히 읽고 끝내는 것이 아니라 문제를 읽고 함께 답을 생각해야 한다. 문제에 대한 예시 답안도 함께 실려 있다. 다만 이 답은 어디까지나 나의 머리에서 나온 답안에 불과하다. 현실에서 마주하는 비즈니스처럼 정답은 하나가 아니다. 여러분이라면 또 다른 다양한 접근법을 찾을 수 있으리라 믿는다. 다만 내가 어떤 방식으로 생각하고 답을 도출했는지에 대한 사고 과정이 여러분에게 참고가 되었으면 한다. 머리를 싸매야 하는 공부가 아니니 긴장하지 말고 부디 마음 편하게 즐기길 바란다.

〈기본 훈련 1〉
'추상→구체' 훈련

[문제 1] 면허가 없어도 운전이 가능한 교통수단 5가지를 답하시오

우선 구체화 사고력 훈련의 기본 중의 기본인 피라미드의 위에서 아래로 순식간에 내려가는 연습을 해 보자. 추상적인 개념에서 구체를 순발력 있게 나열하는 훈련이다. 실제로 브레인스토밍이나 회의 중에 질문을 받고 바로 몇 가지 구체적인 예시를 떠올려야 하는 상황이 자주 생긴다.

이 훈련은 그런 상황에서 구체적인 답이 순식간에 막힘없이 술술 나올 수 있는 순발력을 키워 준다.

자, 이제 여러분도 [문제 1]의 답을 생각해 보길 바란다.

힌트는 비슷한 것 사이에 차이를 두는 것이다. 이를 위해 운전

면허가 있어야 하는 교통수단에는 어떤 것이 있는지부터 생각해 본다. 대표적으로는 자동차가 있다. 그리고 오토바이도 있다. 이 밖에 탈 것이라는 관점에서 보면 대형 트럭이나 버스, 크레인, 불도저같이 공장에서 작업하는 용도로 쓰이거나 레이싱 카처럼 보통 면허 외의 면허가 필요한 탈 것도 있다.

전차나 기관차, 모노레일처럼 고정된 궤도 위를 달리는 교통수단도 면허는 필요하다. 또 교통수단이라고 해서 땅 위를 달리는 것만 있는 것이 아니다. 모터보트나 소형 이상의 선박 또는 하늘을 나는 비행기나 헬리콥터도 생각해 볼 수 있다.

처음에는 이 정도로 술술 나오지 않아도 괜찮다. 그러나 적어도 운전면허가 있어야 하는 교통수단을 생각해 봄으로써 면허가 없어도 운전이 가능한 교통수단도 더 잘 떠오른다.

우리 주변에서 흔히 보는 교통수단으로는 자전거, 세발자전거, 휠체어가 있다. 킥보드나 스케이트보드, 롤러스케이트, 한발 자전거도 떠올릴 수 있다. 땅 위를 달리는 교통수단이 아닌 것으로는 카누, 카약, 노로 젓는 배, 오리 보트 등이 있고, 스노보드나 서핑 보드를 포함해도 좋다. 문제는 면허가 없어도 운전이 가능한 교통수단에 어떤 것이 있는지 갑자기 질문받았을 때 곧바로 대답할 수 있는가에 달려 있다. 이를 위해서라도 평상시부터 꾸준히 훈련해 익숙해지는 것이 중요하다.

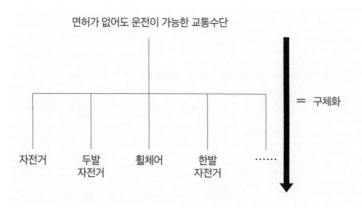

[표 7] 면허가 없어도 운전이 가능한 교통수단을 구체화하다

또 "5가지 답하시오."처럼 5라는 숫자에 제약을 두는 것은 질문
을 잘하는 요령이다.

숫자라는 제약이 있으니 어떻게든 5가지는 말하려고 노력하게
된다. 단순히 "구체적으로 답하시오."라고 들으면 한두 개만 생각
하다 끝날지도 모른다. 물론 더 많이 떠올리는 사람도 있다.

따라서 자신에게 질문할 때는 일단 5가지처럼 구체적인 숫자를
제시하는 것이 좋다. 비즈니스 사례로 살펴보자. 내 친구 중에 리
크루트, 라쿠텐 등 일본에서 손꼽히는 IT서비스 사업 개발에 다수
참여한 매니저가 있다. 이 친구는 사내에서 팀을 훈련시킬 때 "매
출 지표를 20개 쓰시오."라는 식으로 '20'이라는 숫자를 반드시 집
어넣어 억지로라도 20개를 생각하게 만든다고 한다. 즉 팀원 모

두에게 구체화 사고력을 높이는 훈련을 실시하는 셈이다.

[문제 2] 암기가 필요한 고등학교 교과목 5가지를 구체적으로 답하시오

이 문제도 마찬가지로 비슷해 보이지만 다른 것, 즉 암기하지 않아도 되는 교과목부터 생각해 보자. 이를테면 수학은 공식을 꼭 외워야 하지만, 오히려 문제를 풀 때는 공식을 이용해 스스로 생각하고 도출하기 때문에 암기하지 않아도 된다는 의견이 더 우세하다.

다른 과목은 어떨까? 물리 역시 물리학 방정식이나 법칙을 외우긴 하지만, 이를 이용해 사고하면서 답을 구하는 문제가 많아 암기하지 않아도 되는 과목으로 여겨진다. 한자는 외워야 하지만 국어 과목은 비암기 과목으로 분류될 것이다.

이제 비암기 과목과 비교해 가며 암기 과목을 생각해 보자, 물리가 비암기 과목이라면, 같은 이과 과목에 속하는 생물이나 화학은 어떨까? 생물은 다양한 생물의 분류를 비롯해 신체 구조와 각 부위의 기능을 가리키는 전문 용어 등 수많은 정보를 암기해야 시험을 잘 볼 수 있다. 그러니 암기 과목이라고 할 수 있다. 화학은 어떨까? 원소기호나 원자 번호, 다양한 원소 화합물, 구조식과 화학 반응 등 시험에서 좋은 점수를 받으려면 고도의 전문적인 지식과 정보를 암기해야 한다.

그렇다면 수학이나 이과 과목 외에 어떤 과목이 있을까? 역사 과목을 생각해 볼 수 있다. 세계사든 국사든 연대와 일어난 사건, 인물명 등 상당히 많은 정보를 암기해야 한다. 이런 과목은 암기 량에 따라 시험 점수가 높아진다. 이 정도면 암기 과목이라고 볼 수 있다. 여기까지 생각한 결과 지리나 지구과학, 정치 경제 등도 암기 과목이라고 볼 수 있다.

[문제 3] 물건을 제조하지 않는 업계 5곳을 구체적으로 답하시오

이 문제를 풀기 전에 '물건'을 정의해 보자. 다양한 관점이 있겠지만 여기서는 '물리적인 형태가 있는 제품'으로 정의한다.

따라서 이 문제에서 차이점의 대상이 되는 물건을 만드는 업계란 물리적인 제품을 생산하는 업계를 가리킨다. 소위 제조업과 제조사다. 이를테면 자동차 제조사, 가전 제조사, 산업 기계 제조사, 식품 제조사, 약품 제조사, 의료품 제조사 등이다. 더 나아가 이러한 상품의 재료로 쓰이는 철강이나 플라스틱, 유리, 시멘트를 생산하는 다양한 제조사도 포함된다.

'물건을 만들지 않는다 = 물리적인 형태가 있는 제품을 생산하지 않는 업계'가 무엇인지 생각할 때, 이보다 먼저 '물건을 만드는 제조사와 관련된 업계는 어떤 곳이 있을까?'부터 생각하면 더 쉽다. 자동차를 제조하는 경우라면 재료나 산업 기계, 자동차 부품 등의 제조사 외에도 여러 요소가 필요하다.

우선 '사람'이 필요하다. 사람이 없으면 아무것도 만들지 못한다. 그러면 사람은 어떻게 조달할까? 고민하면 '인력' 업계라는 답이 나온다. 정말이지 물건을 만들지 않는 업계다. 재료나 산업 기계, 기계를 움직이는 연료 등도 조달해야 한다. 그러면 '상사' 업계라는 답이 나온다. 제조한 자동차를 수출할 때도 상사는 필수 불가결한 존재다.

더 나아가 원재료를 수입하거나, 완제품을 수출하거나, 또는 국내 판매점으로 운반할 때 필요한 '물류' 업계도 답이 된다. 이곳도 물건을 만들지 않는 업계다.

그리고 이 일련의 생산 활동에는 막대한 자금이 필요하기에 사업의 운영 자금을 조달하기 위한 '금융' 업계가 답으로 나온다. 이밖에도 공장의 생산 관리나 근무자의 근태 관리 외에도 다양한 업무를 처리하려면 반드시 컴퓨터가 필요하며 판매 서비스를 관리하는 'IT' 업계가 답으로 나온다.

이 밖에는 기업 경영이나 인사 등 다양한 과제 해결을 돕는 '컨설팅' 업계, 직원의 신체적, 정신적 건강을 관리하는 '헬스케어' 업계도 있다. 공장이나 사무실을 확보하려는 '부동산' 업계 등 물건을 만드는 업계의 주변에 무엇이 있는지 생각함으로써 물건을 만들지 않는 업계를 구체화하는 것이 더욱 쉬워진다. 제조사의 업무 흐름을 머릿속에 그리면서 문제를 생각하면 더 다양한 답이 나올 것이다.

[문제 4] 사람과 사람을 이어주는 직업 5가지를 구체적으로 답하시오

사람과 사람을 이어주는 직업이 무엇일까? 우선 이 말을 정의해 보자. 내 머릿속에 가장 먼저 떠오른 해석은 어떤 욕구가 있지만 실제로 만난 적 없는 사람끼리 연결해 주는 역할이다. 이 해석에 따라 어떤 욕구 즉 원하는 것이 무엇인지 생각해 보자.

같은 욕구를 가진 사람과 사람을 이어준다는 전제하에 그 욕구가 표출되는 곳이 어디인지부터 생각한다. 다양한 접근법이 있겠지만 이 문제는 인생의 중대사에 관한 욕구이다. 이를테면 이직하고 싶다, 결혼하고 싶다, 집을 사고 싶다 등이다.

이중 이직하고 싶다는 욕구에 주목하면 '인재 알선 컨설턴트'라는 답이 나온다. 결혼하고 싶은 욕구는 '결혼 정보 회사의 매니저', 집을 사고 싶은 욕구는 '부동산 중개업자'가 필요하다. 여기서는 부동산이라는 매물이 아니라 부동산을 관리하는 사람을 소개하는 즉 매도인과 매수인 또는 임대인과 임차인을 연결해 주는 직업이다. 이런 식으로 계속해서 답을 찾아간다.

또 사람과 사람을 이어준다고 했지만 개인과 개인, 집단과 개인뿐만 아니라 집단과 집단을 이어주는 직업도 생각해 볼 수 있다. 단순히 개인과 개인을 연결해 주는 이미지 외에도 이를테면 개인이 모여 집단이 되는 구조에서는 '이벤트 기획자'라는 직업이 답이 된다. 또 기업과 기업이 연결되는 사고방식도 있는데 여기서 나오는 답은 '영업 컨설턴트'라는 직업이다. 기업의 영업 컨설턴트가 되어 다른 기업과 징검다리 역할을 하는 사람도 있다.

또 커뮤니티 관리자도 있다. 최근 웹 3.0이라는 통신 기술의 일부가 알려지게 되었다. 이런 업계로도 진출하기 시작한 듯 보이는데 소위 커뮤니티나 메타버스 세계로 모이는 사람을 이어주는 직업이다.

이미 알아차렸을 테지만 이 문제는 조금 예외적이라 비교하고 무엇이 다른지 질문하는 사고 과정을 밟지 않는다. 왜냐하면 사람과 사람을 이어주지 않는 직업 즉, 없는 쪽에서 있는 쪽을 생각해 내기가 어렵기 때문이다. 대비 관계가 아니라는 데 그 원인이 있다.

〈기본 훈련 2〉
'차이점 찾기' 훈련

[문제 5] 공항 서점과 번화가 서점의 차이점 5가지를 답하시오

어떤 단일의 대상을 구체화하고 싶을 때도 비슷한 것들을 비교하고 무엇이 다른지 질문하면 하나의 대상에서는 보이기 힘든 구체화가 가능해진다. 이번 문제는 우선 공항의 서점과 번화가의 서점이 어떤 장소에 있는 서점인지 구체적으로 그려 보면 쉽게 이해할 수가 있다.

하네다 공항을 예시로 들 수 있다. 이때의 요령은 실제로 가 본 적 있는 장소를 구체적으로 떠올려 보는 것이다. 번화가도 이를테면 신주쿠에 있는 기노쿠니야 서점이나 니혼바시에 있는 마루젠 서점처럼 구체적인 장소를 정하는 것이 가장 먼저 해야 할 일이다. 그다음은 그 서점에 방문하는 고객이 어떤 사람들일지 생각하며 구체화한다.

그리고 하네다 공항이나 신주쿠라는 장소를 고려해 그곳을 방문하는 사람들 사이에 어떤 차이점이 있는지 기준을 세우고 비교한다.

하네다 공항의 서점을 방문하는 사람은 어떤 사람들일까? 가장 먼저 방문 빈도의 기준에서 보면 거의 매일 비행기를 타고 전국 출장을 다니는 사람을 제외하면 기본적으로 그렇게 자주 방문하는 사람은 없을 것이다. 고작해야 일 년에 한 번꼴로 방문 빈도가 낮다. 물론 몇 년에 한 번일 수도 있다. 반면 신주쿠에 있는 서점에 방문하는 사람은 신주쿠에 직장이 있거나 신주쿠에 주말 약속이 있어 겸사겸사 들르는 사람들로 방문 빈도도 그만큼 높다. 즉 방문 빈도라는 기준에서 '공항 = 첫 방문 고객', '번화가 = 단골'이라는 차이점이 보인다.

방문 목적의 기준에서 보면 하네다 공항의 경우, 서점에 가려고 일부러 공항까지 가는 사람은 별로 없다. 공항을 이용하는 사람이 비행기 출발 시각까지 시간을 보내거나, 비행기 안에서 시간을 죽이기 위해 읽을거리를 찾으려는 목적일 것이다. 한편 신주쿠의 경우, 시간을 때우려는 유형도 생각해 볼 수 있지만 실용서나 화제의 신간 등 원하는 책이나 잡지를 구매한다는 명확한 목적이 있어 방문하는 유형도 많다. 이러한 점에서 '공항 = 시간 때우기', '번화가＝목적지향'이라는 차이점을 읽어 낼 수 있다.

책 종류의 기준에서 보면 하네다 공항의 서점은 공간도 좁아 분야별로 책을 보유하기보다 잘 팔리는 책을 중심으로 진열한다. 신주쿠에는 다양한 서점이 있는데 특히 기노쿠니야 서점은 1층부터 8층까지 총면적이 약 1,500평이나 되는 대형 매장으로 전문 서적을 비롯해 각 분야를 망라한 책들을 보유하고 있다. 여기서 읽어 낼 수 있는 차이점은 '공항＝충동구매', '번화가＝계획적'이다.

이 충동구매의 심리에 대해서도 잠시 생각해 보자. 공항이라는 장소에는 충동구매를 부추기는 요인이 존재한다. 공항에 왜 가는지를 보면 출장이나 귀성길에 오르기도 하지만 여행을 간다는 목적도 있다. 여행을 떠나면 누구나 해방감을 느끼고 지갑도 쉽게 열게 마련이다. 평소라면 절대 사지 않을 것도 여행지에서는 얼떨결에 사 버리고 만다. 왜냐하면 늘 똑같은 일상에서 떨어진 환경에 있기 때문이다.

공항의 명품관도 고객의 충동구매 심리에 착안한 출점 전략이다. 이 심리는 책에도 적용된다. 번화가의 서점에서 봤으면 눈길도 가지 않았을 책인데, 공항 서점이면 엉겁결에 구매할 때가 있다. 즉 '공항＝비일상', '번화가＝일상'이라는 도식이다.

그리고 공항에 있는 서점만의 전략인데 '이곳에서만 살 수 있는' 책을 진열하는 경우가 있다. 지방의 공항이나 외국 공항이 그렇다. 현지를 소개하는 지역 가이드북이나 지역의 역사를 소개하는 책 등이다. 지인에게 부탁받았거나 센스 있게 선물로 사 가는 경우 이런 책을 사게 된다. 신주쿠에 있는 서점의 경우에는 서점이 적은 지방에 사는 친구에게 부탁받은 경우도 물론 생각할 수는 있지만, 선물용으로 구매했다고 보기에는 조금 어렵다. 왜냐하면 대형 서점이면 요즘은 책 주문도 재고 확인도 인터넷에서 할 수 있기 때문이다. 따라서 '공항＝선물용 책', '번화가＝내가 읽을 책'이라는 차이점이 있다.

[문제 6] 유튜브 시청자와 TV 시청자의 차이점 5가지를 답하시오

유튜브 시청자와 TV 시청자를 떠올려 보자. 만약 당신이 단일의 소비자나 이용자의 인물상을 구체화하고 싶을 때, 이번 문제에서도 비슷한 것들을 비교하고 무엇이 다른지 질문하면 구체화 사고의 속도를 높일 수 있다. 다만 비교할 때 '5W1H'(정확하게는 5W1H에 'Whom'도 추가한다) 기준을 사용해 보자.

먼저 How, 즉 "어떻게 보는가?"이다. 유튜브는 보고 싶은 방송을 내가 선택한다는 특성이 있다. 프로 야구 경기의 명장면이 보고 싶다, 히카킨(일본의 비트박서 및 인기 유튜버) 동영상이 보고 싶다, 시사 뉴스가 보고 싶다 등 자신이 보고 싶은 콘텐츠를 골라 시청할 수가 있다.

반면 TV는 BS, CS 등의 다채널 방송을 신청하면 선택지가 대폭 늘기는 하지만, 기본적으로는 지상파와 BS 정도의 한정된 채널 안에서 지금 방영 중인 방송을 보게 된다. 자연스럽게 TV를 켜고 '지금 어떤 프로그램을 하고 있지?'라는 흐름이다. 매일 챙겨 보는 방송이나 보고 싶은 방송이 있어도 TV를 켰을 때 운 좋게 원하는 방송을 볼 수 있는 타이밍은 흔치 않다. 따라서 둘의 차이점은 '유튜브=능동적', 'TV=수동적'이라고 할 수 있다.

시간뿐 아니라 장소도 한정돼 있다. Where, 기준은 "어디서 보는가?"이다. 유튜브는 지하철이나 자동차를 타고 이동하면서 스마트폰으로 볼 수 있다. 한편 TV는 기본적으로 TV 수신기가 있는 곳, 이를테면 집 안 거실처럼 정해진 장소에서만 볼 수 있다. 즉 '유튜브=어디에서나 시청할 수 있다', 'TV=시청할 수 있는 장소가 정해져 있다'라고 말할 수 있다.

다음은 Whom, 기준은 "누구를 보는가?"이다. 본래는 "Why=왜 보는가?"를 말하고 싶지만, 보는 이유는 시청자에 따라 매우 다양하므로 이번에는 "Whom=누구를 보는가?"로 구체화한다. 최근에는 이 경계선도 상당히 모호해졌다. 유튜브에 나오는 유튜버는 유명한 사람도 있지만 기본적으로는 대개 일반인이다. 따라서 시청자에게는 친근한 존재이자 이름 없는 일반 대중의 대표인 셈이다. 한편 TV에 나오는 연예인은 시청자에게서 멀리 떨어져 있는 선망의 존재다. 최근에는 유튜브를 시작한 연예인도 많아졌다지만 기본적으로는 그런 위치에 있다. 즉 '유튜브＝친근한 주인공', 'TV＝연예인'이라고 할 수 있다.

이어서 What은 "무엇을 보는가?"이다. 보편적으로 콘텐츠의 내용은 틈새시장을 노린 내용과 대중성을 노린 내용 중 어느 한쪽이다. 유튜브에는 TV 방송으로 만들어지지 않는 상당히 까다로우면서도 시청자가 한정된 콘텐츠도 얼마든지 있다. 하지만 TV의 경우 방송 제작비를 스폰서가 부담하기 때문에 시청률 확보가 기본 전략이 되고 얕고 넓은 내용으로 제작되는 경향이 있다. 그러므로 '유튜브＝마니아층을 겨냥한 내용', 'TV＝대중을 겨냥한 내용'으로 정리할 수 있다.

마지막은 Who, 기준은 "누가 보는가?"이다. 유튜브는 스마트폰이라는 기계의 특성상 혼자 보는 유형이 많다. 여러 사람이 같이 보기에는 화면이 작기 때문이다. 반대로 가족이나 친구들과 한자리에 모여 흥겨운 분위기 속에서 본다면 큰 TV를 선호한다. 즉 '유튜브＝혼자 본다', 'TV＝가족이나 친구들과 본다'라고 할 수 있다.

[문제 7] 상점가의 채소 가게와 마트의 채소 코너의 차이점 5가지를 답하시오

이 문제도 세세하게 보기 위한 매우 중요한 구체화다. 이 둘을 비교해 '뭐가 다르지?'라고 생각해 하나로 묶어 모호하게 본다면 해상도가 낮은 사람이다. 당신은 부디 이 둘의 차이를 명확하게 구분해 해상도가 높은 사람이 되길 바란다.

우선 채소 가게와 마트에서 장을 보는 상황을 구체적으로 상상해 보자. 채소 가게에 들어서면 사장님이 적극적으로 고객과 이야기를 나누며 "오늘은 이게 싱싱해요", "이건 조림으로 먹으면 맛있어요."라고 친절하게 상품을 설명해 준다.

마트의 채소 코너에 직원이 있기는 하지만 상품을 진열하거나 재고를 채울 뿐 산지가 어디인지, 어떤 조리법이 있는지 자세하게 알려 주지는 않는다. 찾고 있는 채소가 어디에 있는지 물어보면 알려 주지만 먼저 채소나 과일을 권하는 일은 없다. 그런 의미에서 채소 가게의 접객에는 '정'이 있고, 마트의 접객은 '무미건조하다'라는 차이가 있다.

정이 있는 채소 가게라면 "오늘은 아이 저녁을 준비하지 않아도 돼서 이거 절반만 줄래요?"라든가 "이 당근이랑 저기 있는 우엉도 살 테니까 조금 깎아 줘요."라는 등 고객의 부탁에 "예, 그 정도야 해 드리죠."라고 유연하게 대응한다. 반면 마트 계산대 직원에게 이런 말을 하면 "저희는 그렇게 해 드릴 수 없어요."라고 단칼에 거절할 게 뻔하다. 더 끈질기게 요구하면 블랙 리스트에 오를지도 모른다. 어떤 고객이든 일관성 있게 대응하라는 교육을 받기 때문에 당연한 반응이다. 그러기에 두 번째 차이점은 '유연한 대응'과 '일관성 있는 대응'이라고 할 수 있다.

세 번째 차이점은 뭘까? 역시 거대 자본으로 경영하는 마트가 개인이 운영하는 채소 가게보다 더 많은 설비 투자를 한다. 이를테면 채소 가게는 현금 결제가 많고, 마트는 일반적으로 현금 없이도 결제가 가능한 점포가 많다. 즉 '현금'과 '캐시리스^{cash less}'라고 할 수 있다.

네 번째 차이점은 '진입장벽이 높다'와 '진입장벽이 낮다'라는 것이다. 처음 가는 가게일 경우 만약 문 앞에서 사장님이 친한 고객과 수다 떠느라 즐거운 한창 분위기이면 그 사이를 뚫고 가게로 들어갈 때 용기가 필요하다. 한편 마트에서는 직원의 태도가 사무적이고 고객이 먼저 말을 걸어도 대화는 짧게 끝나기 때문에 처음 가 보는 가게일지라도 긴장하지 않고 들어갈 수 있다.

다섯 번째로는 '당일 필요한 양'과 '대량 구매'라는 차이점도 생각해 볼 수 있다. 여기에는 2가지 이미지가 있다. 채소 가게의 경우 오늘 저녁 식사에 사용할 식재료 또는 그날 필요한 만큼만 소량으로 구매하는 손님이 많다. 하지만 마트의 경우 주말 같은 날에 일주일 치 식재료를 한꺼번에 사 가는 고객이 많다. 이와 관련하여 시설의 차이도 있는데 운전해서 장을 보러 갈 때는 주차장이 있는 마트가 더 편하다. 개인이 운영하는 채소 가게라면 차를 세

위둘 곳이 없어 난감할 때도 많다.

참고로 또 다른 점은 채소 매입이다. 채소 가게는 이른 아침에 사장님이 시장에 가서 당일 판매할 신선한 채소를 사 온다. 마트에서는 구매팀이 대량으로 일괄 매입한 채소를 컨테이너 트럭에 실어 각 점포로 배송하는 경우가 일반적이다. 대량으로 일괄 매입하는 만큼 마트는 채소 가게보다 채소의 단가를 낮출 수 있다.

지금까지 각각의 구체적인 상황을 가정하여 차이점을 발견해 보았다. 이 문제도 [문제 6]에서처럼 **소비자상을 구체화**할 수 있다. 이를테면 채소 가게에 방문하는 고객은 일대일 대응이나 대화를 즐거워하는 사람이다. 당신이 채소 가게 사장님이라면 고객이 지향하는 바와 채소 가게만의 특성을 살려 경쟁업체와의 차별화를 꾀하는 것이 중요하다. '주변에 있는 채소 가게는 현금 결제만 되니까 우리는 현금 없이도 결제할 수 있도록 해야겠어.'라는 발상은 도리어 채소 가게의 매력을 잃는 결과로 이어질 수도 있다. 이런 위험까지 염두에 두고 강점을 모색하는 길이 정답이다.

[문제 8] 착실하고 꼼꼼한 서포터형과 팀을 이끄는 리더형의 차이점 5가지를 답하시오

이 문제는 기업의 채용 전략 중 하나로 "채용 후보자에게 어떤 자질을 요구할 것인가?"라는 주제이다. 판매하려는 상품에 따라 상품 전략이나 마케팅 전략이 달라지듯 인재를 채용할 때도 원하는 인재상에 따라 채용 전략이 달라진다.

첫 번째 예시 답안은 '냉정'과 '열정'이다. 기준은 성격이다. 서포터형 인재는 주변 상황을 살피며 업무를 지원한다는 점에서 이성적인 시선으로 주변을 관찰한다. 반면 리더형 인재는 본인이 앞장서겠다는 이미지가 있다. 이를테면 학교 활동인데도 전국대회 출전을 노린다든지, 솔선수범해 열정을 안고 목표를 세워 돌파하는 성격이다.

두 번째는 '안정'과 '위험'이다. 기준은 행동 특성이다. 서포터형은 팀의 중심에 듬직하게 일하는 유형의 팀원을 배치하고, 본인은 한발 물러나 팀원들의 업무를 지원할 때 안정을 느낀다. 리더형은 본인이 적극적으로 밀고 나가기 때문에 위험까지 감수하겠다는 사고방식이다.

그러므로 서포터형 인재를 원한다면 안정적인 회사의 경영 상태를 전면에 내세워 이성적으로 강조하면 지원자가 회사에 매력을 느낀다. 만약 리더형 인재를 원한다면 새로운 사업에 착수할 계획을 강조하면 좋다.

세 번째는 '숫자'와 '마음'이다. 기준은 무엇에 공감하는가에 달려 있다. 서포터형은 모든 일을 정량적으로 생각하므로 숫자를 근거로 정보를 설명해 주면 쉽게 수긍한다. 리더형에게는 회사의 지향점과 비전을 단호하고도 열정적으로 설명해 주면 공감을 얻을 수 있다.

네 번째는 '공부 모임'과 '회식'이다. 기준은 어떤 모임을 좋아하는가에 달렸다. 모임의 자리는 실제로 채용 후보자들이 모이므로 회사 측에서도 구체적인 기획을 다양하게 준비한다. 서포터형은 회사에서 진행 중인 사업을 공부하는 모임 같은 기획을 좋아하고, 리더형은 다 함께 와자지껄 떠들면서 열정을 안고 뜨겁게 이야기를 나눌 수 있는 회식 같은 기획을 좋아한다.

다섯 번째는 '푸른색'과 '붉은색'이다. 기준은 직관적으로 좋아하는 색을 따지는 것이다. 이를테면 대졸자 채용 홍보 포스터나 온라인 광고를 디자인할 때 서포터형을 원한다면 '차가운 푸른색', 리더형을 원하면 '정열의 붉은색'이라는 식이다. 물론 어디까지나 색깔의 이미지일 뿐이다. 서포터형인데 붉은색을 좋아하거나 리더형인데 푸른색을 좋아하는 사람도 당연히 있다. 전혀 다른 색깔을 좋아하는 사람이 많을지도 모른다.

[문제 9] 직장인에게 사랑받는 규동 가게와 주부에게 사랑받는 규동 가게의 차이점 5가지를 답하시오

이 문제는 정답이 없어서 어떤 의미로는 사고 훈련에 제격이다. 직장인에게 사랑받는 규동 가게와 주부에게 사랑받는 규동 가게는 구체적인 듯 보이지만 실은 굉장히 추상적이다. 도대체 어떤 직장인이고 어떤 주부냐고 따질 수도 있다.

그러므로 가장 먼저 '규동'이라는 음식에 대하여 직장인이 사랑하는 패턴과 주부가 사랑하는 패턴을 구체적으로 그려야 한다. 우선 전제로 생각해야 할 것은 규동 가게에 방문하는 직장인과 주부의 'pain'이다.

pain은 '고통'이라는 뜻이지만, 마케팅 용어에서는 돈을 지불해서라도 어떻게든 해결하고 싶은 강한 욕구를 일컫는다. 직장인에게는 일하느라 정신없지만 짬을 내서라도 맛있는 규동을 저렴하게 먹고 싶다는 강한 욕구가 있다. 그에 비해 주부에게는 집에서 밥 차리기 귀찮다는 강한 욕구가 존재한다. 직장인이 규동 가게에 오는 동기는 비교적 단순하여 맛있다, 저렴하다, 빠르다 3가지 이유로 설명된다. 하지만 주부들은 고통이 없다면 굳이 오지 않는 곳이다.

이런 점들을 고려한 첫 번째 예시 답안은 '직장 근처'와 '집 근처'다. 5W1H 중 What의 기준은 규동 가게에서 무엇을 원하는가다. 직장인들은 빨리 먹고 서둘러 회사로 복귀해야 한다는 생각으로 회사 근처에 있는 가게를 선호하고, 주부는 음식을 포장해 집에서 먹기를 원하기 때문에 집 근처에 있는 가게를 선호한다.

같은 발상에서 나온 두 번째 예시 답안은 '음식이 빨리 나온다'

와 '포장이 간편하다'이다. 이번에도 What은 규동 가게의 서비스에서 무엇을 원하는가가 기준이다.

세 번째는 '양이 많다'와 '맞춤 주문이 가능하다'이다. 이번에도 마찬가지로 규동 가게의 음식에서 무엇을 원하는지에 따라 나온 답이다. 직장인은 그릇에 양껏 담긴 덮밥의 양에 만족감을 느끼고 주부는 밥을 덜어 먹을 수 있어서 마음에 들어 한다.

더 나아가 네 번째 예시 답안으로는 '혼자 앉을 수 있는 자리 또는 카운터 석이 있다'와 '포장 전용 카운터가 있다'라는 점이다. 기준은 매장 시설에서 무엇을 바라는가다. 직장인은 빈자리에 아무렇게나 앉아 식사를 빨리 끝내려는 욕구가 있다. 그래서 공간 효율성이 좋고 좌석이 많이 있는 카운터석이나, 주변을 신경 쓰지 않고 혼자 조용하게 빨리 먹을 수 있는 자리를 선호하는 경향이 있다.

하지만 주부의 경우, 이렇게 서둘러 식사하는 직장인과 나란히 카운터석에 앉거나 혼잡한 가게 안에 서서 기다리는 것이 고역이다. 그래서 포장 주문 고객용 카운터석 같은 대기 공간을 갖춘 매장이 있으면 만족해하는 욕구가 있다.

다섯 번째는 '다양한 토핑'과 '다양한 사이드 메뉴의 종류'이다. 세 번째 예시 답안과 조금 유사해 보이지만 기준은 규동 자체가 아니라 규동과 함께 먹을 수 있는 음식으로 무엇을 원하는가이다. 또 직장인이 생각하는 토핑은 비용이 추가되는 날달걀이나 김치뿐 아니라 공짜로 제공되는 생강과 고춧가루 등도 포함한다.

한편 주부가 말하는 사이드 메뉴는 샐러드, 채소 절임, 된장국처럼 항상 곁들여 나오는 음식뿐 아니라 디저트도 포함하기 때문에 많은 선택지가 있다.

[문제 10] 밸런타인데이에 예의상 주는 초콜릿을 많이 받은 사람과 진심이 담긴 초콜릿을 많이 받은 사람의 차이점 5가지를 답하시오

이 문제는 초콜릿 상품 개발의 사례를 가정하고 있다. 예의상 주는 초콜릿용으로 신제품을 개발하는 경우, 예의상 주는 초콜릿만 생각하면 해상도가 높아지지 않아 사고도 깊어지지 않는다. 그래서 여기서는 비교 대상으로 진심이 담긴 초콜릿을 많이 받은 사람을 가정하고 이 둘을 비교하는 형태로 예의상 주는 초콜릿을 많이 받은 사람의 인물을 파헤쳐야 한다.

이런 문제에서 답을 찾는 요령은 각 특정 인물을 지정하고 구체화하는 것이다. 예의상 주는 초콜릿을 받는 사람의 이미지는 인기는 많지만 결혼해도 품절남, 품절녀가 되었다고 주변에서 호들갑 떨지 않고 모두의 축복받을 것 같은 사람이다. 머릿속에 바로 떠오르는 모델은 히카킨이다. 유튜브에서 친근감 있는 콘셉트로 다양한 층으로부터 높은 호감도를 얻고 있다. 그가 예의상 주는 초콜릿을 산더미같이 많이 받을 것 같은 이미지여서 임시로 지정했다.

반대로 진심이 담긴 초콜릿을 많이 받는 사람은 결혼하면 품절남, 품절녀가 되었다고 다들 실의에 빠지고 팬들은 오열할 같은 사람이다. 내가 생각하는 이미지는 후쿠야마 마사하루^{福山雅治}(일본에서 가장 사랑받는 배우이자 가수 중 한 명)다.

이렇게 진심이 담긴 초콜릿을 가장 많이 받을 것 같은 사람으로 이 후쿠야마 마사히로를 히카킨의 비교 대상에 두었다.

예시 답안 중 첫 번째는 '이성 관계가 아닌 친구'와 '연인이 되고 싶은 사람'이다. 기준은 초콜릿을 주는 쪽이 받는 쪽을 어떻게 보고 있는가에 따른다. 예의상 주는 초콜릿은 친구에게, 진심이 담긴 초콜릿은 연애하고 싶은 대상에게 주기 때문이다.

두 번째는 '가까운 존재'와 '먼 존재'다. 이건 [문제 6]에서 다룬 유튜브와 TV라는 두 사람이 각각 활약하는 미디어의 차이에서 오는 이미지다.

세 번째는 '솔직함'과 '섹시'다. 히카킨의 캐릭터 특징은 가식과 허세가 없어 보인다. 아주 솔직하고 생기 넘치는 존재감이 있다. 한편, 후쿠야마 마사히로가 음악 방송에서 노래를 부르거나 드라마 속 연기를 보고 있으면 어느샌가 현실을 망각하게 할 정도로 섹시하게 느껴진다.

네 번째는 '말수가 많다'와 '차분하다'이다. 말수가 많은 사람은 친해지기가 쉬워 가벼운 마음으로 예의상 초콜릿을 줄 수 있다. 반면 차분한 사람은 멋있는 반면 예의상으로라도 초콜릿을 주기 어렵다. 그래서 진심이 담긴 초콜릿을 더 많이 받을 것 같다.

다섯 번째는 '둥글둥글하다'와 '날씬하다'이다. 기준은 두 인물의 외적인 특징이다. 히카킨은 뚱뚱하진 않지만 한눈에 보면 얼굴도 체형도 동그스름한 이미지다. 한편 후쿠야마 마사하루는 옷걸이가 좋은 날씬한 체형이다.

이 분석을 토대로 밸런타인데이에 맞춰 신상품을 발매한다면 어떤 초콜릿이 더 많이 팔릴지 생각해 본다. 그 결과, 진심이 담긴 초콜릿은 재료도 맛도 파티시에가 솜씨를 발휘해 하나하나 직접 만들어 세련되게 포장된 고급 초콜릿이다. 예의상 주는 초콜릿은 누구나 가벼운 마음으로 고를 수 있는 부담 없는 가격대이면서 폭넓은 연령층에서 선호하는 포장 디자인 또는 동그란 초콜릿 등 각 모델을 비교한 이미지가 힌트가 된다.

[문제 11] 맥모닝이 가장 많이 팔리는 맥도날드 매장과 모바일 주문이 가장 많은 맥도날드 매장의 차이점 5가지를 답하시오

이 문제는 비단 맥도날드에 한정되지 않고 새로운 매장을 어디에 넣지, 매장 설비를 어떤 식으로 할지, 어떤 상품 기획할지 고민될 때 도움이 되는 예문이다.

이번에는 맥모닝과 모바일 주문이다. 맥모닝은 판매 시간이 정해져 있는 메뉴이고, 모바일 주문은 주문 방법이다. 모바일로 맥모닝을 주문할 수 있다. 그러므로 무엇이 다른지 묻는 대비 관계가 아니다.

그러면 왜 이 2가지를 비교하는 걸까? 그 이유는 맥모닝도 모바일 주문도 맥도날드에서 고객을 위해 도입한 서비스라는 관점에서 보면 의미가 같기 때문이다. 그러나 이 둘의 서비스 규모가 전혀 달라 단순한 매출 비교는 의미가 없다. 따라서 가장 많이 이 두 서비스를 이용하는 매장은 각각 어디일까 생각하는 것이 관건이다. 이를 뒤집어서 보면 맥모닝을 구매하는 고객과 모바일 주문을 이용하는 고객이 각각 어떤 인물일지 소비자상을 구체화하는 길로도 이어진다.

첫 번째 예시 답안은 아침 시간 활용과 시간 대비 효율이다. 기준은 Why, "왜 그 서비스를 이용하는가?"이다. 맥모닝을 사려고 맥도날드에 오는 사람은 아침 일찍 출근해서 조금이라도 더 일을 하거나, 영업처를 방문하기 전 아침 자투리 시간에 맥도날드에 가는 것도 고려해 볼 수 있다. 반면 모바일 주문 자체가 미리 스마트폰으로 예약하면 줄을 서지 않고 살 수 있는 서비스다. 그래서 '모바일 주문 이용자=시간 효율'을 중요하게 생각하는 사람이라는 관점에서 시간 대비 효율Time performance이라는 답이 나왔다.

두 번째는 직장인과 아이를 키우는 부모다. 이 기준은 당연히 Who, "누가 사는가?"이다. 물론 이 분석이 완전히 상황과 일치할 리 없고 맥도날드를 이용하는 사람은 이보다 더 다양하지만 그중에서도 특히 이용자가 많다고 생각한 조합이 이 둘이다.

그리고 세 번째는 평일 아침과 주말이다. 기준은 When, "언제 사는가?"이다. 두 번째 답과 세 번째 답은 연관성이 깊어 묶어서 설명할 수 있다. 맥모닝은 누가, 언제 살까? 평일 아침엔 이른 시각에 집을 나선 직장인이 회사 근처에서 먹거나, 커피를 마시면서 아침 시간을 활용한다. 반면 모바일 주문을 이용하는 고객을 생각해 보면 과연 근무 시간 중에 직장인이 정성스럽게 모바일로 주문할 수 있을지 의문이 생긴다.

또 어떤 사람이 있을까? 아이를 키우는 부모가 있다. 아이가 어릴 때는 장 보러 가거나 부엌에서 요리할 때도 한시도 눈을 뗄 수 없어 '오늘은 뭘 먹지?'라는 고민이 들 때 맥도날드에서 끼니를 해결할 수도 있다. 또 '언제'에 대해 생각하면 사람들이 붐벼 장 보는 시간이 길어지는 주말 점심이나 밤에 모바일 주문으로 미리 주문한 메뉴를 수령하면 바로 집에 갈 수 있다.

네 번째는 상업가와 주택가다. 기준은 Where, 장소에 있다. 직장인이 평일 아침 또는 어린 자녀를 키우는 부모가 주말에 가는 곳이니 일부러 멀리까지 갈 일이 없다. 또 상업지구에 있는 맥도날드 매장은 단지 주문한 제품만 수령하는 것이 아니라, 온 김에 일을 하거나 아침 시간을 활용하려는 목적으로 오기도 하므로 노트북을 펼치고 잠시 작업을 할 환경을 마련하는 것이 바람직하다. 만약 모바일 주문을 이용하는 고객이 많은 주택가 매장이라면 전용 창구나 전임 담당자를 배치하는 등 이용이 편리한 시스템이 필요하다.

다섯 번째는 '맥모닝과 세트+사이드 메뉴'다. 기준은 What, "무엇을 사는가?"이다. 맥모닝 메뉴는 각종 머핀 등 단품으로도 주문이 가능한데, 주로 직장인이 아침으로 먹기 때문에 커피 등 음료가 포함된 콤비 메뉴나 벨류 세트value set를 많이 고른다. 이 메뉴들은 아침 시간대에 음료나 토스트 메뉴를 제공하는 서비스인 '모닝'에 견주는 합리적인 양과 가격대다.

한편, 주말에 가족이 다 함께 먹을 점심이나 저녁을 모바일로 주문할 때는 자녀를 위한 해피밀 세트나 사람 수에 맞춰 벨류 세트에 사이드 단품 메뉴를 추가해 사 가는 경우가 많다.

〈기본 훈련 3〉
'원인 분석' 훈련

[문제 12] 야구 선수 오타니 료헤이와 키, 체중, 근육량이 같은데 공을 못 치는 사람의 원인을 5단계로 분해하시오

여기서부터는 구체화 사고 중에서도 '원인 분석' 훈련에 들어간다. 이 훈련에서는 5단계로 분해한다. 질문에서 각각의 '구체 ⥥ 추상 피라미드'를 구축함으로써 표면만 보아서는 절대 보이지 않는 모든 일의 진짜 원인을 밝혀내는 연습이다. 예시 답안을 말하기에 앞서 이번 문제의 대략적인 흐름을 설명하겠다.

국제올림픽위원회IOC 공식 사이트에 따르면 오타니 료헤이 신수의 키는 193cm, 체중은 95kg이다. 근육량까지는 알 수 없지만 문제에 명시된 오타니 료헤이와 키, 체중, 근육량이 같다는 조건이니 야구 방망이로 공을 치는 행위에 구체적으로 어떤 요소가 있는지 생각해 봐야 한다. 첫 번째는 체격이다. 신체에 힘을 발휘할 수 있는 근육이 있는가? 체격이 좋은가? 두 번째는 신체의 쓰임새다. 그러나 전제조건으로 나온 체격에는 문제가 없으니 '비교하고 무엇이 다른지 질문하기'를 통해 나오는 답은 신체의 쓰임새에 문제가 있다는 것이 된다.

이제 야구 방망이에 공이 맞지 않는 원인인 신체의 쓰임새를 다섯 층으로 분해한다. 신체의 쓰임새를 봐야 하니 단순하게 자기 신체를 떠올리며 두 개씩 분해해 나간다. 어느 정도 잘게 분해됐다면 각각의 움직임을 살펴보자.

신체의 쓰임새를 꼭대기에 두고 두 번째 층은 상반신의 움직임과 하반신의 움직임 2가지 유형으로 분해한다. 그다음, 상반신의 움직임은 얼굴과 몸통의 움직임으로 분해할 수 있다. 야구 방망이를 휘두를 때 얼굴이 움직이거나 몸통이 흔들려 공이 맞지 않는 것이다. 여기가 세 번째 층이다.

이제 얼굴을 눈과 머리로 분해한다. 여기가 네 번째 층이다. 마지막 다섯 번째 층이 바로 야구 방망이에 공이 맞지 않는 원인이 된다. 눈을 분해해 원인을 특정해 보면, 눈이 공을 쫓지 않는 것과 시력이 나쁘다는 이유가 나온다. 즉 동체 시력이 원인인지 아니면 원시나 근시 등 시력 자체에 문제가 있는지 결론에 다다른다. 이때 머리가 원인이면 머리 방향이 잘못됐거나 또는 머리가 흔들

린다 중 어느 한쪽이 원인이라는 결론이 나온다.

마찬가지로 순서대로 보면 세 번째 층에서 몸통에 원인이 있다고 할 때, 네 번째 층은 어깨와 손으로 분해할 수 있다. 그리고 어깨가 원인이면 어깨 회전이 수평이 아니다 또는 야구 방망이를 잡는 자세가 잘못됐다는 원인으로 나눌 수 있다. 손이 문제라면 야구 방망이를 잡는 자세가 잘못됐다 또는 손목 회전이 잘못됐다는 식으로 나눌 수 있다. 이번 문제는 자신의 신체를 머릿속에 떠올

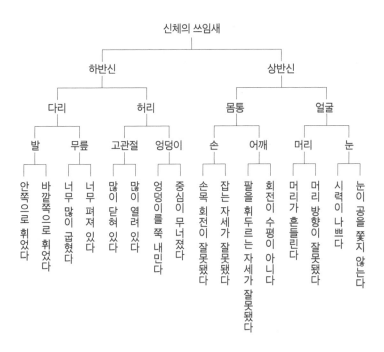

[표 8] 신체의 쓰임새 분해

리며 풀어보았는데, 이 방법을 일이나 회사 경영 등 다양한 상황에 응용할 수 있다.

[문제 13] 어정쩡한 카페가 어정쩡한 원인을 5단계로 분해하시오

어정쩡한 카페라는 말은 상당히 추상적이고 모호하다. 우선 이 말을 명확하게 정의해야 한다. 외관이 촌스럽다, 들어갈 엄두가 안 난다, 커피가 맛없다 등 바로 떠오르는 원인이 있다. 하지만 경영 분석의 시선으로 구조를 정확하게 보지 않으면 근본적으로 대응할 수가 없다. 따라서 이번에는 수익 구조가 기준이 된다. 이 문제의 목적은 추상적이고 모호한 말을 구체화하여 수익 구조 면에서 문제의 원인을 보는 것이다. 따라서 다섯 번째 층까지 분해해 '구체↦추상 피라미드'를 구축한다.

우선 꼭대기에 '수익'이 있다. 수익을 분해하면 두 번째 층은 매출과 비용이 된다. 2장에서 아주 간략하게 소개한 수익 증대가 목표인 레스토랑의 변형 문제다.

'매출'을 분해하면 세 번째 층은 신규 고객과 기존 고객이 된다. 이는 첫 방문 고객과 단골 고객으로 대체해도 괜찮다. 신규 고객을 분해하면 네 번째 층은 집객과 판매가 된다. 집객은 고객을 모으고 가게로 유인하기까지의 과정이다. 판매는 실제로 고객이 얼마나 방문하고 매출이 얼마 나왔는지에 대한 객단가 이야기다.

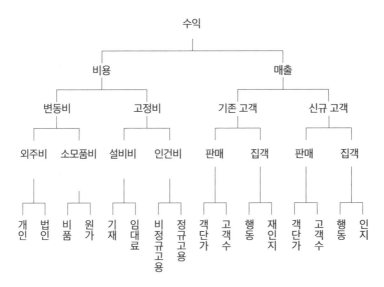

[표 9] 수익 구조의 분해

이 집객과 판매는 신규 고객 쪽의 네 번째 층에도 있고, 기존 고객 쪽의 네 번째 층에도 있다.

집객을 분해하면 다섯 번째 층은 인지와 행동 2가지가 나온다. 인지는 원래부터 가게를 알고 있었다는 뜻이다. 구글맵으로 검색하거나 맛집 앱을 검색, 아니면 신문 등에 끼워진 전단지를 보았을 수도 있다.

그리고 행동은 실제로 손님을 가게로 오도록 촉구하는 사후 관리를 말한다. 이를테면 맛집 앱을 보고 가게를 인지했을 때, 평점이 좋으면 가 보고 싶다는 생각이 든다. 아니면 홈페이지에 가게 정보가 있으면 믿을 만한 가게구나 싶은 느낌이 든다. 이렇게 소비자로 하여금 실제로 가 보고 싶다는 생각이 들도록 행동을 촉구하는 것을 의미한다.

한편, 기존 고객이 있는 네 번째 층의 집객을 분해하면 인지는 이미 끝났기 때문에 재인지와 행동 2가지로 분해된다. 재인지란 라인에서 계정을 추가하면 가게의 공식 계정에서 메시지가 오는 등 가게를 상기시키기 위한 접근법을 말한다. 판매 쪽은 신규 고객과 마찬가지로 고객 수와 객단가로 나뉜다.

또 두 번째 층에 있는 비용을 분해하면 세 번째 층은 고정비와 변동비가 된다. 고정비는 인건비와 설비비, 변동비는 소모품비와 외주비로 각각 네 번째 층이 된다.

논리적 사고 기법인 MECE^{Mutually Exclusive Collectively Exhaustive}로 자세하게 검증해 나가면 더 다양하게 분해할 수 있다.

이렇게 다섯 번째 층까지 피라미드를 구축했다면 이제 '어정쩡한' 원인이 어디에 있는지 검증하는 작업으로 넘어간다.

[문제 14] 매출 1억 엔을 달성하지 못한 원인을 5단계로 분해하시오

매출 1억 엔이 목표였던 팀이 목표 달성에 실패한 원인을 분해한다. 우선 대전제로 두어야 할 것이 있다. [문제 13]의 어정쩡한 카페는 B to C^{Business to Customer}이고, 이번 문제는 B to B^{Business to Business} 영업 마케팅 지원 서비스라는 설정이다. 그러므로 신규 사업의 매출 목표액 1억 엔을 달성하지 못한 영업 조직을 분해하고 목표 달성에 실패한 원인을 분석하는 형태가 되었다. 이에 따라 첫 번째 층에는 원래 매출이 와야 하지만, 이 문제에서는 '100만 엔×100건'이라는 구체적인 숫자를 넣었다.

'100만 엔×100건'의 두 번째 층에서는 신규 고객과 기존 고객으로 분해하고, 세 번째 층은 각각 집객과 판매로 분해하며, 네 번째 층은 집객을 인지와 행동 또는 재인지와 행동으로 분해한다.

판매를 보면 신규 고객 쪽의 네 번째 층은 첫 비즈니스 미팅과 마지막 비즈니스 미팅이라는 2가지 영업 과정으로 분해돼 있다. 기존 고객도 마찬가지로 판매를 네 번째 층에서 첫 비즈니스 미팅과 마지막 비즈니스 미팅 2가지로 분해했다.

신규 고객에서 집객, 그리고 인지 쪽의 다섯 번째 층은 온라인 광고와 오프라인 광고가 된다. 행동은 웹 페이지와 문의로 분해했다. 첫 비즈니스 미팅을 분해하면 약속 건수와 미팅 승낙 건수(다음 비즈니스 미팅을 승낙받은 건수)이고, 마지막 비즈니스 미팅은 약속 건수와 주문 건수로 분해한다.

반면 기존 고객을 분해한 집객, 그리고 재인지 쪽의 다섯 번째 층은 이용자 목록에 등록된 고객에게 일제히 메시지를 발송하는

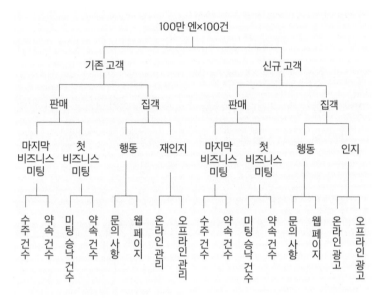

[표 10] 목표 달성 실패 원인 분해

온라인 관리와 오프라인 관리가 된다. 행동을 분해하면 웹 페이지와 문의가 도출된다.

첫 비즈니스 미팅 쪽의 다섯 번째 층은 약속 건수와 미팅 승낙 건수이고, 마지막 비즈니스 미팅 쪽의 다섯 번째 층에 약속 건수와 수주 건수로 분해되는 것은 신규 고객 쪽도 똑같다.

이렇게 다섯 번째 층까지 분해한 결과, 어디에 문제 원인이 있는지 보면 결국 다섯 번째 층이 미흡하다는 이야기가 된다.

온라인 광고에 접속하지 않는다, 온라인 광고를 클릭하지 않는다 등 신규 고객의 인지가 낮기 때문일까? 아니면 온라인 광고(우편 DM 등) 효과가 미비하기 때문일까? 그것도 아니면 행동 쪽의 웹 페이지에 접속하지 않거나 웹 페이지에서 문의 사항 페이지로 이동하지 않는 게 문제인지 고민해 볼 문제이다.

처음에 매출 1억 엔을 단가 100만 엔의 상품을 100개 판매한다는 형태로 분해한 이유는 궁극적으로 팀원의 작은 행동 목표에까지 깊이 들어가기 위해서다.

[문제 15] 수주 10건을 달성하지 못한 원인을 5단계로 분해하시오

[문제 14]의 매출 1억 엔과 비슷한 문제라고 생각할 수도 있지만, 이번 주제는 팀 전체가 아니라 영업 담당자 한 사람이 목표 달성에 실패한 원인에 대한 분석이다. 첫 번째 층은 수주 10건이다.

이 영업 담당자의 업무 내용을 보자. 마케팅팀이 사전에 잡아 놓은 고객을 인계받으면 첫 비즈니스 미팅을 시작으로 몇 차례 미팅을 반복하고 사후 관리를 통해 마지막 비즈니스 미팅까지 이어가 수주를 성공시키는 역할이다.

그런데 이 영업 담당자의 목표인 수주 10건은 왜 실패했을까? 원인을 분석하기 위해 다섯 번째 층까지 분해해 보자. 수주 10건의 분해하기 위해 수주 성공에 어떤 행동이 필요한지 생각해 보면 제안과 사후 관리로 나뉜다. 전자는 미팅하고, 후자는 미팅하지 않는다는 의미로 나누었다.

제안은 첫 비즈니스 미팅과 마지막 비즈니스 미팅으로 나뉜다. 첫 비즈니스의 미팅은 약속 건수와 미팅 승낙 의향이 된다. 마지막 비즈니스 미팅을 한 번 더 세분화하면 네 번째 층은 약속 건수와 미팅 승낙 건수가 되고, 미팅 승낙 건수는 대기 건수와 수주 건수로 나뉘는 식으로 영업 담당자의 시선에서 잘게 분해한다. 첫 비즈니스 미팅 중 약속 건수는 신청 건수와 착석 수로 분해하고, 미팅 승낙 의향은 '있다(=거절)' 또는 '없다(다음 최종 제안까지 보류하고 싶으니 다음 평가를 토대로 제안 바랍니다 등의 긍정적인 의향)'로 분해한다.

그 결과 마지막 비즈니스 미팅에서도 마찬가지로 약속 건수는 신청 건수와 착석 수가 되고, 미팅 승낙 건수는 대기 건수와 수주 건수로 분해되는 형태가 된다.

한편, 사후 관리 쪽의 세 번째 층은 첫 비즈니스 미팅 사후 관리와 마지막 비즈니스 미팅 사후 관리로 분해된다. 그리고 네 번째 층은 약속에 대응하는 사후 관리인 상기용 메일 발신 건수와 약속 참가자 수가 된다.

기본적으로 사후 관리는 영업 중 받는 질문이나 요구 사항에 관한 답변 등을 제안에 반영한다. 그래서 첫 비즈니스 미팅 사후 관리 쪽의 다섯 번째 층에 있는 질문 및 요구 사항 대응 건수가 몇

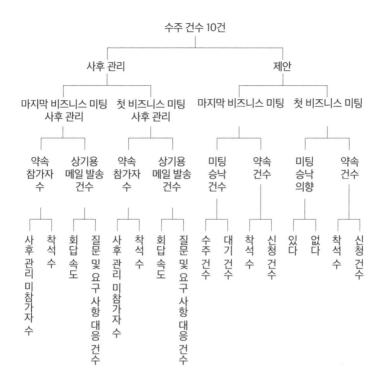

[표 11] 비즈니스 실패 원인 분해

건인지 보아야 한다. 또 하나는 답변 속도다.

마지막 비즈니스 미팅 사후 관리를 분해하는 사고방식도 기본적으로 이와 동일하다. 다섯 번째 층이 질문 및 요구 사항 대응 건수와 답변 속도인 것도 동일하다.

여기까지 잘게 분해했으면 이제 원인이 어디에 있는지 살펴본다. 필요하다면 수치화해서 보는 것도 중요하다.

115

〈실전 훈련〉
구체화 사고

[문제 16] 경쟁 상품과 비교해 당신의 상품을 구매할 고객을 구체화하시오

여기서부터는 실전 훈련에 들어간다. 지금까지의 기초 훈련이 두뇌 체조였다면, 실전 훈련은 한 걸음 더 나아가 당신의 업무에 도움을 준다.

첫 번째 문제는 경쟁 상품과 비교해 당신의 상품을 구매할 고객을 구체화하는 것이다. 우선 이 문제를 당신이 근무하는 직장이나 업계에 대입해 생각해 보자.

당신이 속한 업계나 직종에 따라 상품 대신 서비스로 바꿔도 무관하다. 고객은 기업이든 개인이든 내 업무를 관리해 주는 다른 부서든 상관없다. 원한다면 상사나 부하 직원을 대입해도 좋다.

요컨대 당신이 보기에 고객의 위치에 있는 제3의 인물을 상상하면 된다는 이야기다.

자, 이제 시작해 보자.

말은 이렇게 했지만, 아무런 힌트도 실마리도 없이 갑자기 실전 훈련이라고 하면 감을 잡기 어려우니 임시 대상을 설정해 고객의 구체화를 실제로 해 보자.

당신의 상품을 '라쿠텐 이치바(일본 최대의 온라인 쇼핑몰)'로 가정하고 경쟁사인 '아마존'과 비교하면서 당신의 상품을 구매할 고객을 구체화해 나간다.

구체화 사고의 기본은 비교하고 무엇이 다른지 질문하기다. 우선은 기준을 정하고 비교를 시작한다. 여러 비교 기준이 있지만 이 문제에서는 포인트, 배송 종류, 배송 속도, 상품 페이지, 색과 디자인 5가지를 살펴보자.

먼저 포인트 부문이다. 라쿠텐 이치바는 포인트 적립률이 높다는 특징이 있다. 게다가 라쿠텐 이치바뿐만 아니라 '라쿠텐 트레블', '라쿠텐 굿즈', '라쿠마', '라쿠텐 카드', '라쿠텐 Edy' 등 다양한 연관 서비스에서도 포인트를 적립하고 사용할 수 있다. '아마존'은 라쿠텐 이치바보다 포인트 적립률이 낮다. 따라서 알뜰하게 쇼핑하고 싶거나 포인트를 차곡차곡 모으고 싶은 고객은 라쿠텐 이치바를 이용하게 된다.

다음은 배송 종류다. 라쿠텐 이치바와 아마존 모두 유료 배송과 무료 배송 서비스가 있다. 라쿠텐 이치바에는 무료 배송을 이용하는 사람이 주를 이루며 이들은 크게 서두르지 않는 경향이 있다. 다음은 배송 속도다. 배송이 늦어져도 개의치 않는 고객이 라쿠텐 이치바를 이용하는 경향이 있다. 아마존을 이용하는 고객은 내일 도착, 모레 도착 등 더 빠른 배송을 선호하는 것으로 보인다.

상품 페이지를 보면 라쿠텐 이치바는 세로로 긴 랜딩 페이지로 구성돼 있는데, TV 홈쇼핑처럼 고객의 흥미를 유발하도록 이렇게 디자인한다. 색과 디자인에서 라쿠텐 이치바는 친근한 느낌이 들고 아마존은 세련미 있고 감각적이다.

이러한 특징들에서 보이는 라쿠텐 이치바의 고객은 어떤 사람들일까? 우선 포인트 적립률이 높다는 점에서 쇼핑을 즐기고 적립한 포인트로 구매하길 원하는 사람으로 포인트 적립에 큰 매력을 느끼는 사람이다.

또 라쿠텐 쇼핑몰의 특징 중 하나인 TV 홈쇼핑 같은 랜딩 페이지라는 상품 페이지의 특징으로 보아 충동구매 경향이 있는 고객임을 읽어 낼 수 있다. 배송 종류와 속도 면에서 보면 라쿠텐 이치바에는 다소 시간이 걸려도 배송비를 부담하고 싶지 않은 고객이 많다. 그리고 아마존에 비해 비즈니스나 상업적인 용도로 이용하기보다 개인적인 쇼핑을 즐기는 고객이 많다고 볼 수 있다.

[문제 17] 롯폰기와 비교해 마루노우치의 소비자를 구체화하시오

지방 출신인 사람과 지금도 지방에 거주하며 도시를 방문하지 않은 사람이라면 '롯폰기'도 '마루노우치'도 막연하게 화려한 도시의 번화가로 생각할지 모른다.

이 문제의 목적은 비교하고 무엇이 다른지 질문하는 구체화 사고를 통해 롯폰기와 마루노우치라는 번화가에 실제로 어떤 사람들이 오고, 어떤 가게가 그들을 겨냥할 수 있으며, 마케팅이 정말로 필요한지 전략을 세우고, 각 동네의 차이점을 구체화하는 것이다. 즉 도쿄의 화려한 번화가로 추상화된 이미지를 두 동네의 차이점으로 구체화하는 훈련이다.

각 동네의 소비자를 생각하기에 앞서 먼저 분위기를 살펴보자. 롯폰기와 마루노우치라는 동네에는 어떤 기업들이 모여 있는지, 어떤 시설이 있는지, 평일에는 어떤 사람들이 모이는지, 주말에는 또 어떤 사람들이 오는지 등 다양한 기준을 세워 생각해 본다.

롯폰기에는 외국계 기업, 벤처 기업 등이 즐비하다. 반면 마루노우치에 있는 도쿄역 역사는 외관이 옛 모습으로 복원되어 있고, 마루노우치 주변의 가장 입지가 좋은 일대에는 국내외 대기업이 모여 있다. 재벌계의 종합상사나 금융계 등 쟁쟁한 기업들도 한 곳에 있다.

이러한 주변 환경을 보아 평일의 롯폰기는 외국계나 벤처 기업

등에 근무하는 젊은 사람들로 북적인다는 이미지가 있다. 마루노 우치는 상대적으로 차분한 분위기의 직장인들이 모이는 이미지가 떠오른다.

롯폰기에는 롯폰기 힐스와 도쿄 미드타운 등의 시설이 있는데, 영화관이나 미술관을 비롯해 명품관도 많고 엔터테인먼트 문화를 다양하게 즐길 수 있다. 또 미드타운 뒤쪽으로 시선을 돌리면 고급 주택가와 맨션들이 줄지어 있고, 뒤쪽에는 공원이 있다. 그리고 TV 방송국도 있어 주말에는 가족 나들이객이 놀러 오기 좋을 것 같은 동네이다.

게다가 우아한 분위기의 고급 바와 레스토랑도 많아 일과가 끝난 오후 5시 이후나 주말에는 젊은 커플들이 몰리고, 약속 상대를 기다리는 사람들도 눈에 들어온다. 평일에는 정장 차림의 커플이 데이트하러 오는 화려한 이미지가 풍기고, 주말에는 가족들이 놀러 오는 세련되고 화려한 동네가 롯폰기다.

반면에 마루노우치는 평일에는 한적한 분위기이다. 직장인들이 점심을 먹으러 나오거나, 퇴근 후 다 함께 술 한 잔 마시러 가거나, 명품관이 줄지어 있는 대로변을 거닌다. 마루노우치 주변은 완전한 상업지구라서 주말에 가족 단위의 고객은 거의 찾아볼 수 없다. 외국인을 비롯해 도쿄역을 이용하는 관광객, 데이트하러 온 커플 그리고 명품을 구매하러 온 사람들로 활기차다.

참고로 롯폰기 일대에서 조금만 뒷골목으로 가면 옛 분위기를 그대로 간직한 주택지가 자리 잡고 있다. 몇 세대 이전부터 터를 잡은 토박이도 있다. 반면 마루노우치에는 토박이가 거의 없다. 기본적으로 주거지가 아닌 곳이라고 봐도 좋다.

롯폰기는 휴일이면 아사히 방송국 앞이나 롯폰기 힐스 광장 등에서 이벤트가 열린다. 그때 인파가 넘친다는 점을 이용해 신제품을 시험 판매하기도 한다. 가족 고객을 겨냥한 상품을 파는 가게가 있다. 그런데 만약 휴일에 마루노우치에서 똑같은 이벤트가 열리면 이런 가게는 찾아볼 수 없을 것이다.

그런 의미에서 롯폰기의 소비자는 유행에 민감한 젊은 층과 가족 단위가 중심이고, 마루노우치의 소비자는 평일에만 차분한 성인 직장인이 많다. 쉬는 날에는 정반대로 소비 욕구가 높은 관광객이 많이 놀러 오는 동네라고 할 수 있다.

[문제 18] 같은 직종에 있는 사람과 비교해 당신의 강점을 구체화하시오

종종 자신의 강점을 모르겠다는 이야기를 듣는데 그건 자기 자신을 단일 대상으로 보기 때문이다. 노동 시장에서 당신과 경쟁하는 상대는 기본적으로 같은 직종에 있는 사람이니 같은 직종에 있는 사람과 비교해 차이점을 명확히 알면 당신의 강점이 보이기 시작한다.

여기서는 '직종'을 다음과 같이 정의하려고 한다.

당신은 여성이 주요 고객인 패션 업계에서 광고 기획을 담당하고 있다. 당신은 주변 사람과 비교해 볼 때 타인의 이해를 받지 못하는 사람이라고 생각한다. 당신은 일은 효율적으로 해야 한다는 가치관을 지녔지만 상사나 동료는 시간이 걸리더라도 좋은 제품을 만들어야 한다고 생각한다.

또 아이디어를 제안해야 할 때 새로운 아이디어를 적극적으로 밀고 싶은데 주변 사람들은 진부하고 케케묵은 아이디어만 내놓는다. 또 당신은 추상화 사고를 통해 얻는 통찰을 아주 중요하게 생각하지만, 주변 사람들은 절망적이라고 할 정도로 모든 일을 구체화 사고로밖에 생각하지 못한다.

즉 당신 주변 사람들은 모두 구체의 세상에 살고 있다. 추상화 사고를 눈곱만큼도 받아들이지 않는 상황이 벌써 몇 년째 이어지고 있다.

그러나 코로나를 기점으로 분위기가 꽤 달라진 것 같다. 얼마 전 당신은 한 패션 브랜드 광고 제작을 논의하는 회의에 참석했다. 다른 팀원들은 사람들이 바로 알아보고 눈길을 끈다는 이유로 유명 여배우를 광고에 기용하자는 아이디어를 제안했다. 이유는 업계 1위 브랜드이고, 다른 광고에서도 유명인을 기용하니 우리도 똑같이 해야 한다는 것이었다.

반면 당신은 길거리에서 일반인 모델을 발굴하자는 아이디어를 내놓았다. 구체의 세상에 사는 사람은 당신이 왜 그런 생각을 했는지 이해하기 어렵다. 그러나 당신의 눈에 자사의 상품이 인기 있는 이유는 트렌드에 휘둘리지 않고 '나다움'을 표현하는 브랜드의 방향성에서 오는 것이라 확신하기 때문이었다.

같은 자리에 있는 99%의 사람이 알아차리지 못한 것을 당신 혼자만 알아차렸다. 그래서 이 아이디어가 무조건 잘 되리라는 확신이 당신에게 있다. 실제로 이 아이디어대로 하면 모든 게 잘 풀리고, 매출이 오르고, 브랜드가 성공할 것이라고 믿는다.

주변 사람들과 무엇이 다른지 비교함으로써 당신은 자신이 '추상화 사고가 가능하다'라는 강점이 있음을 이해하고 인지한 상태다. 그래서 뜻을 굽히지 않았다. 주변과 비교해 나는 효율적으로 일하겠다, 새로운 아이디어를 계속 발굴하겠다는 의지로 비로소 알게 된 자신의 강점을 이야기하는 에피소드다.

참고로 주변과 비교할 때의 기준은 '나는 무엇을 중요하게 여기는가?'라는 것이다. 이 사례로 말하자면 효율과 전례가 없는 새로운 아이디어다. 주변에서는 '시간을 들인다.'를 고집하고 중요시하고 있다.

이때 핵심은 주변에서 일반적으로 좋다고 하는 것에 현혹되지 말고 자기 자신을 객관적으로 바라볼 줄 알아야 한다는 것이다. 99%의 사람에게 보이지 않는 것이 보일 때, 그것이 자신의 강점이다. 그러나 주변에서는 이를 이질적으로 받아들이는 경우가 많다. 남들의 말에 휩쓸리지 않으려면 내가 나의 강점을 객관적으로 보고 제대로 이해하는 것이 중요하다.

4장

사고의
'그림 폭'을
넓히다

추상화 사고 훈련

3장에서는 '해상도가 높은 사람'이 되기 위해
필요한 첫 번째 사고력인 '구체화 사고력'을 키우는 훈련을 했다.

이번 4장에서는 '해상도가 높은 사람'이 되기 위해
필요한 두 번째 사고력인 '추상화 사고'를 훈련한다.
이 훈련으로 사고의 그림 폭을 넓히면 독특하고 예리한 통찰을 얻을 수 있다.

당신 주변에도 그 사람이 발언만 하면 무심코 감탄할 때가 있지 않은가?
바로 추상화 사고를 통해 모든 일의 본질을 꿰뚫어 보기 때문이다.

어떻게 하면 '추상화 사고'가 가능해질까?
우선은 그 요령부터 설명한다.

어떻게 하면 '추상화 사고'가 가능해질까

추상화란 '서로 다른 것들 사이에서 공통점'을 발견하는 것이다

2장에서 추상화 사고란 '구체 ⇆ 추상 피라미드'를 아래에서 위로 올라가는 작업이라고 설명했다. 아래에서 위로 올라가는 작업이 뭘까? 그것은 바로 다른 것들 사이에서 공통점을 발견하는 것이다.

도쿄도, 사이타마현, 지바현의 공통점이 무엇인지 생각해 보면 '간토코신에쓰'가 나온다. 이어서 간토코신에쓰, 도호쿠, 도카이, 홋카이도의 공통점이 무엇인지 생각해 보면 '동일본'이 나온다. 복수의 다른 것들을 공통점으로 묶는 작업이다.

모든 일을 높은 곳에서 내려다보는 것, 작은 차이점에 매몰되지 않고 공통된 요소 즉 **본질을 정확하게 꿰뚫는 능력**이 추상화 사고다. 이는 99%의 사람들에게는 보이지 않는 것이 보인다는 의미이며, 99%의 사람들이 알아차리지 못하고 간과하는 것을 오직 한 사람만 알아차릴 수 있는 예리한 통찰을 얻은 상태다.

이를테면 학교에서 항상 만점을 받는 친구가 하루에 세 시간 공부한다고 나도 똑같이 매일 세 시간 공부해도 만점을 받을 수 있는 것은 아니다. 이 방법보다는 나보다 성적이 좋은 친구 열 명에게 공부법을 자세히 듣고, 열 명 모두에게서 발견된 공통된 점이 있다면 그것이 바로 '성공 법칙'이자 '본질'이다. 어쩌면 그 공통점은 수업 중에 노트 필기를 하지 않고 선생님 말씀에 집중한다는 것일지도 모른다.

뛰어난 사람을 흉내 내는 경우 겉으로 드러나는 방식을 모방할 게 아니라 그 사람이 그 방식으로 왜 성공했는지 본질을 파악하고 자신의 방식대로 수정해야 한다.

한 사람만 보아서는 본질을 보기 어렵다. 복수의 표본을 균등하게 보는 것이 중요하다. 그리고 표면상 잘 보이는 한 가지 부분을 볼 것이 아니라 모든 성공 사례에서 잘 보이지 않는 부분이지만 공통된 지점을 발견하려는 노력이 중요하다.

비교하고 무엇이 공통점인지 질문하기가 추상화 사고의 속도를 높인다

1장의 '회의' 예시에서 단 한 사람, D만이 레트로 열풍이 일상과 힐링에서 비롯되었음을 간파했다. 이때 D는 무엇을 한 것일까? 바로 카페, 옷, 유원지를 나열한 뒤 그들의 공통점을 발견하는 작업이었다.

그리고 계속 설명했다시피 '질문'이야말로 인간의 사고 속도를 높인다. 즉 D는 무의식중에 자신에게 서로 다른 것들의 공통점이 무엇인지 질문한 것이다. 이것이야말로 추상화 사고의 속도를 높이는 열쇠가 된다.

이번 장에서는 추상화 사고의 속도가 높아지도록 서로 다른 것들의 공통점이 무엇인지 질문하는 문제를 다양하게 준비했다. 이것과 그것의 공통점을 발견하는 작업이 뇌에 익숙해지면 당신의 추상화 사고력은 자연스럽게 강화된다.

지금부터는 실제로 문제를 풀어보는 추상화 사고를 훈련한다. 3장에서와 마찬가지로 책에 쓰인 내용을 단순히 읽고 끝내는 것이 아니라 문제를 읽고 함께 답을 생각하는 것이 중요하다. 다시 강조하지만 내가 생각한 예시 답안이 결코 모범답안은 아니다. 생각하는 방식은 저마다 다르고 그에 따른 무수한 정답이 있다. 여러분도 자신만의 접근법으로 근사한 답을 도출하길 바란다.

〈기본 훈련 1〉
공통점 찾기 훈련

[문제 19] 사막의 오아시스와 도서관의 공통점은 무엇인가

추상화 사고를 할 때 가장 중요한 것은 얼핏 보기에 전혀 다른 것들 사이에서 공통점을 발견하는 것이다. 표면상으로 공통점이 잘 보이는 것들의 공통점은 다른 사람들 역시 쉽게 발견할 수 있기 때문이다. 전혀 다른 것들 사이에서 공통점을 찾아냄으로써 모든 일의 배경에 숨은 '본질'을 꿰뚫어 보는 연습을 시작해 보자.

이 둘은 너무도 달라서 웬만해서는 공통점이 떠오르지 않는다. 이때의 요령은 3장에서 연습한 구체화 사고의 방식을 응용해 사막의 오아시스와 도서관을 자세하게 정의하는 것이다.

먼저 사막의 오아시스를 정의해 보자. 오아시스는 사막의 한가운데에 있다. 사막에 덩그러니 있는 것이 오아시스다. 이곳에만

물이 있고 식물이 있으며, 사막에서 살아가는 소수의 생물은 부족한 물과 식량을 구하러 오아시스로 모여든다. 목적은 휴식 그리고 수분 보충이다. 누가 먼저 와 있으면 각자의 식량이나 장비 등의 물자를 챙겨 와 서로에게 부족한 것을 물물교환하는 장이 열릴지도 모른다.

도서관도 같은 방식으로 정의해 보자. 도서관은 대부분 길거리에 있는데 건물 안으로 들어가면 대로변의 소란스러운 분위기와는 상반된 숙연한 공간이다. 한여름의 열기에도, 한겨울의 쌩쌩 부는 찬바람에도 도서관 안은 일정한 온도로 유지되어 쾌적하다. 도서관에는 책을 빌리러 오는 사람도 있지만 공부하러 오는 사람도 있다. 어느 쪽이든 이곳에만 있는 것을 얻으려고 모인 사람들이다.

이렇게 두 장소의 이미지를 정의해 보니 공통점이 몇 가지가 떠오른다.

우선 첫 번째는 평온한 장소라는 것이다. 오아시스에 오는 사람들은 물이나 그늘 등 사막에서는 얻지 못하는 쾌적한 환경에 도착하면 안도의 한숨을 내쉰다. 도시관에 오는 사람들은 길거리에서 얻을 수 없는 고요하고 집중할 수 있는 환경에 도착하면 마찬가지로 안도의 한숨을 내쉴 것이다. 이곳에 도착해 마침내 평온함을 얻었다는 의미에서 이 두 장소의 공통점을 발견할 수 있다.

두 번째는 자원의 공급원이다. 사막을 여행하는 이에게 생명줄이나 다름없는 물은 오아시스에서만 보급받을 수 있다. 생명 유지에 없어서는 안 될 자원이 오아시스에는 있다. 반면 도서관에 꽉 차 있는 장서는 지혜의 샘, 지식의 보물 창고 역할로써 다양한 정보를 제공한다. 인터넷을 검색해도 찾는 자료가 나오지 않거나 정말로 존재할지 의문인 전문적이고 귀중한 읽을거리도 도서관에서라면 발견할 수도 있다.

세 번째는 공동체다. 오아시스에는 사람들이 모여들어 자연 발생적으로 물물교환이나 정보 교환의 공동체가 탄생한다. 한편 도서관은 원칙상 사담을 금지하는 경우가 많지만, 지역 공공시설이라는 특성상 게시판에 지자체나 민간 공동체에 관한 다양한 정보가 걸려 있다. 또 도서관 직원이나 이용자가 중심이 되는 공동체는 행사를 기획하는 등 지역 주민들이 교류하는 장으로서 역할도 한다. 이처럼 얼핏 봐서는 공통된 점이 하나도 없을 것 같은 사막의 오아시스와 도서관 사이에서도 몇 가지 공통점을 찾아내는 것이 가능하다.

[문제 20] 빙하와 역사 교과서의 공통점은 무엇인가

이 문제도 [문제 19]처럼 얼핏 보면 엉뚱한 조합 같다. 빙하와 역사 교과서의 공통점을 찾는 사고 과정이 똑같은데, 우선 이미지를 정의한 다음 공통점을 찾는 것이 철칙이다.

먼저 역사 교과서가 무엇인지 정의해 보자. 기본적으로 오랜 세월을 거쳐 형성된 역사를 배우기 위한 도구이다. 시대의 흐름이나 인류의 진화라고 하면 거창하게 들릴 수 있지만 역사 교과서로 그 변천을 배울 수 있다.

또 역사는 언제나 움직인다. 새로운 발견과 연구로 해석이 달라져 계속 수정된다. 실제로 최근 교과서 검증에서는 굵직한 내용들이 바뀌고 있다.

그리고 수업에서 역사 교과서를 통해 과거의 사건이나 당시 사람들의 생활과 문화에 대한 지식을 얻기도 하는데 그 속에는 교훈이 있다.

빙하는 어떻게 만들어졌는가. 수천 년 수만 년이라는 세월 속에서 어느 시기에는 녹아 있었고, 또 규모도 확장하면서 오랜 시간을 들여 성장했다. 이는 긴 세월에 걸쳐 만들어진다는 관점에서 역사 교과서와 공통된 요소라고 볼 수 있다. 이것이 첫 번째 예시 답안이다. 또 시대별 기후 변동으로 인해 빙하의 형태는 천천히 변화해 왔다. 최근에는 지구 온난화의 영향으로 매 순간 변화 중이다. 이 또한 시대와 함께 변화한다는 의미에서 역사 교과서와 공통된 부분이다. 이것이 두 번째 예시 답변이다.

[문제 21] 질레트 면도기와 제록스 프린터의 공통점은 무엇인가

지금부터는 현실 비즈니스에 접목한 문제를 늘려가 보자. 질레트Gillette는 P&G 사에서 판매하는 면도기 브랜드이고 제록스는 인쇄기기 제조사로 두 곳 모두 미국 기업이다. 질레트 면도기와 제록스 프린터 두 회사를 모두 아는 사람은 이 둘의 공통점을 쉽게 알 수 있을 것이다. 내가 생각한 예시 답안은 '본체는 낮은 가격으로 설정하고, 소모품으로 돈을 버는 비즈니스 모델'이다.

비즈니스 교과서에 실릴 정도로 유명한 사례인지라 두 기업의 이름만 듣고도 이미 답을 눈치챈 사람도 있을 것이다. 그런데도 이 문제를 출제한 이유는 **이 세상에 실제로 판매되고 있는 상품이나 성공한 기업의 공통점을 발견함으로써 비즈니스의 성공 법칙을 찾아내기 쉽게 하려는 데 있다.** 이 사례는 비즈니스 모델의 성공 사례이지만 사업 개발이나 상품 개발에 국한되지 않고 영업이나 사후 관리 업무까지 다양한 업무에 응용할 수 있다.

먼저 이 두 상품이 실제로 어떤 흐름 속에서 사용되는지를 머릿속에 그려가며 공통점을 찾아내는 사고 과정을 거쳐야 한다.

고객은 수염을 깎기 위해 면도기를 구매한다. 면도기를 고르는 기준은 사람마다 다른데 수염이 깔끔하게 깎인다는 이유로 삼중 날이나 사중 날 면도기를 고른다. 아침마다 면도기를 사용하면 머지않아 칼날이 무뎌져 깔끔하게 깎이지 않는다. 그래서 적당한 시기에 리필용 칼날을 구매해 교체해 주는 흐름이다.

프린터 같은 경우도 우선 프린터 본체를 구매한다. 용지에 인쇄하고 용지가 떨어지면 보충한다. 잉크를 다 쓰면 업체에 주문하거나 직접 사 와서 채워 넣는다. 매일 사용하면 정기 점검도 해야 하고 고장이 나면 수리하거나 부품도 교체해야 한다. 이런 식으로 오래되거나 완전히 망가질 때까지 계속 사용하게 된다.

이제 두 상품의 비즈니스 구조를 보자. 면도기도 프린터도 본체(면도기의 경우 머리 부분, 프린터는 기기의 본체)는 계속 쓰지만, 소모품(면도기의 경우 칼날, 프린터의 경우 용지나 잉크)은 필요해지면 수시로 보충해야 하는 시스템이다.

특징을 보면 질레트 면도칼이나 제록스 프린터의 본체는 비교적 합리적인 가격으로 설정돼 있다. 이는 사용자가 지속해서 소모품을 구매할 것을 기대하고, 소모품 매출로 이익을 늘리겠다는 전제하에 본체의 가격을 설정했기 때문이다. 즉 예시 답안대로 본체는 낮은 가격으로 설정하고 소모품으로 돈을 버는 비즈니스 모델인 것을 읽어 낼 수 있다.

최근에는 분야가 완전히 다른 곳에서도 주력 상품을 경쟁사보다 합리적인 가격으로 설정하고 소모품과 충전제 등 부속품을 지속해서 제공해 이익을 늘리려는 방식의 비즈니스 모델을 찾는다.

이를테면 인력 중개업의 사례를 보자. 현재 자주 보이는 비즈니스 모델은 기업에 인재를 소개하고 내정 또는 입사가 결정되면 그 기업은 입사자 연봉의 30~40%를 소개 업체에 지급한다. 상당히 높은 비율인데 환산하면 약 300~400만 엔 정도다. 이 금액을 좀 더 줄일 수는 없을까 고민하다 주력 상품인 인재를 합리적인 금액에 소개하는 대신 지속해서 수입이 들어오는 비즈니스 모델을 찾기에 이르렀다.

이 업계가 질레트 면도기와 제록스 프린터의 공통점에서 힌트를 얻었는지 알 수 없지만, 적어도 이런 관점을 가지고 있으면 당신의 비즈니스에도 어떤 형태로든 응용할 수 있다.

[문제 22] 시스템 엔지니어와 건축 설계사의 공통점은 무엇인가

시스템 엔지니어SE와 건축 설계사의 공통점이 무엇인지 물어보는 문제다. 일단 업무 자체에 공통된 요소가 많다. 광범위한 의의에서 무언가를 만드는 일이고, 물건을 만들 때 기본이 되는 설계도를 그리는 직업이라는 공통점도 존재한다.

이 밖에도 나의 예시 답안은 일의 방향성을 정하는 직종이라는 공통점이 있다. 먼저 시스템 엔지니어라는 직종이 무엇인지 보자. IT업계의 시스템을 개발할 때 그 시스템의 요건을 정의하거나, 고객의 요청 사항을 수렴하거나, 자기 나름의 생각을 펼쳐서 알맞은 시스템을 만들자고 제안하는 것이 주된 업무다.

이후 실제로 시스템 개발을 할 때는 프로그램이나 데이터 분석가 등 여러 전문가에게 작업을 의뢰한다. 그리고 엔지니어는 프로젝트 매니저 같은 위치에서 고객의 기대치를 뛰어넘는 시스템을 구축하는 역할을 맡는다. 즉 시스템 개발의 방향성을 정하는 일이다.

반면 건축 설계사는 종합 건설 회사나 토지 개발업자다. 작은 안건은 동네 중소기업 규모의 토목 회사나 설계 사무소 등으로 집 또는 건축물을 어떻게 지을지 요건을 정의하고, 고객의 실현 희망 사항을 반영한 설계도를 그린다.

이 설계도를 바탕으로 현장에서 시공 작업을 하는 다양한 장인과 전문 업자를 통솔하는 책임자나 현장 감독과 협력한다. 시스템 엔지니어가 그랬던 것처럼 다양한 분야의 다양한 역할을 맡은 사람들에게 의뢰하고 취합하는 프로젝트 매니저와 같은 위치에 있다. 이것이 건축 설계사의 역할이다.

프로젝트 매니저 같은 위치나 역할이라는 특징을 전제로 비교하고 무엇이 공통점인지 질문하는 추상화 사고를 통해 양쪽 모두 '일의 방향성을 정하는 직종'이라는 답에 다다랐다.

이처럼 특징을 추상화할 경우 이직 등을 고려할 때 자신의 커리어를 어떻게 객관적으로 평가할 수 있을지 고민되는 상황에서 선택지의 폭을 넓힐 수 있다. 자유도가 높아지는 등 응용이 가능하다. 시스템 엔지니어나 건축 설계사는 전문성이 상당히 높은 분야의 직종이며 주변에서도 그렇게 생각한다. 본인도 그렇게 생각하기에 이직할 거면 동종업계로 가야 한다고 생각하는 사람이 대부분이다.

그런데 이 문제에서 보았듯이 얼핏 영역이 전혀 다른 전문 직종 같아 보이는 시스템 엔지니어와 건축 설계사는 사실 공통된 부분이 상당히 많다. 업계의 지식까지 따라잡을 수 있다면 서로 업계를 바꿔도 전 직장에서의 경험을 충분히 살릴 수 있다. 이직을 고민하거나 다른 커리어에는 어떤 것이 있을지 생각할 때, 전혀 다른 직종 간의 공통점을 찾아봄으로써 커리어 확장하는 계기가 될 수도 있다.

[문제 23] 공항의 서점 직원과 웨딩플래너의 공통점은 무엇인가

이 문제는 공항의 서점 직원과 웨딩플래너라는 두 직종을 비교하고 무엇이 공통점인지 질문하는 형태다. 나의 예시 답안은 '가게에 처음 방문한 고객을 대응하는 직종'이다. 서점 직원이 일하는 공항 서점에는 주로 어떤 고객이 올까? 이 질문에 대해서는 3장의 [문제 5]에서 이미 분석한 바 있다. 고객에 따라 다르지만 대다수는 방문 빈도가 일 년에 고작 한두 번이다. 구매한 책은 비행기 출발까지 기다리는 시간이나 비행기 안에서 시간을 때우려고

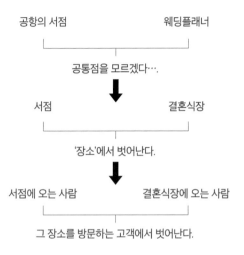

공항의 서점　　　　　　　웨딩플래너

공통점을 모르겠다….

서점　　　　　　　　　결혼식장

'장소'에서 벗어난다.

서점에 오는 사람　　　　결혼식장에 오는 사람

그 장소를 방문하는 고객에서 벗어난다.

[표 12] 주목해야 할 핵심에서 벗어나 생각한다

읽는 경우가 많다. 대체로 그 자리에서 우연히 눈에 들어온 책을 구매하는 패턴이다.

반면 웨딩플래너를 찾아오는 사람은 어떤 고객일까? 결혼식장이나 피로연장에는 수많은 하객이 몰리지만, 웨딩플래너가 직접 대응하는 사람은 식을 올리는 당사자(신랑과 신부) 또는 이들의 가족, 친척 정도다. 기본적으로는 처음 이용하는 고객들이며 적어도 재방문을 유도하려는 발상을 하지 않는다.

이 문제의 경우 공항의 서점 직원과 웨딩플래너라는 직종에서 직접적인 공통점을 찾아내기는 상당히 어렵다. 따라서 서점이나 결혼식장이라는 '장소'로 시선을 돌려 그 장소를 방문하는 고객에게 주목했더니 '처음 오는 고객에게 대응하는 직종'이라는 공통점이 도출되었다.

단순히 두 대상물을 비교했는데 공통점을 찾을 수 없을 때 이처럼 주목해야 하는 핵심의 포인트를 달리하면 완전히 다른 발상에 다다르기도 한다. 이것이 모든 일을 높은 곳에서 내려다보는 과정이자 전형적인 추상화 사고다.

추상화 사고의 결과로 이러한 답이 나온 이유가 궁금한가? 이를 비즈니스를 응용하면 어떤 전개가 예상되는가? 이를테면 '첫 방문 고객'은 신규 고객이라는 관점으로 볼 수 있다. 따라서 신규 고객을 주로 대응하는 비즈니스라면 서로의 분야가 달라도 그들이 속한 직종에서의 경험을 살리거나 성공 법칙을 응용할 수 있지 않을까? 처음 방문하는 고객을 맞이할 때 그들의 마음을 단번에 사로잡고, 그 자리에서 구매를 유도하는 노하우나 기술이 있으면 다른 업계에 가더라도 몇 차례 수정하여 응용할 수 있다.

[문제 24] 잡화점과 TV 홈쇼핑의 공통점은 무엇인가

이 문제의 답부터 말하면 '충동구매'다. 이 답은 어떤 사고 과정을 거쳐 도출된 결론일까? 먼저 잡화점에서 어떤 상품을 파는지 생각해 보자. 가구 등 큰 물건을 취급하는 가게도 있지만, 대개는 아기자기한 물건이나 디자인에 공을 들인 벽시계나 선글라스나

액세서리를 진열해 판매하고 있다. 가게마다 다르지만 일반적으로는 상품 종류가 매우 다양하다. 다르게 말하면 일관성 없이 잡다한 상품을 취급하는 업태다.

주요 고객층은 어떤 구체적인 목적이 있어 일부러 방문한다기보다 시간 여유가 있거나 여행지에서 소소한 여행 선물을 사기 위해 들른 고객이 많다.

반면 홈쇼핑은 고급 이불 세트나 대형 벽걸이 액정 TV 등 평소 마트나 가전제품 판매점에서 보았을 때는 특별히 사고 싶다는 마음이 생기지 않는 상품이 많다. 하지만 방송 출연자의 감상평이나 전문가의 연구 데이터, 구매자의 사용 전후 사진으로 시청자의 구매 욕구를 자극한다.

이러한 특징을 비교해 보면 비슷해 보이지만 실상은 다른 업종 같다. 그런데도 충동구매를 한다는 공통점을 어떻게 읽을 수 있는 걸까?

이는 구매 행동을 일으키는 주체인 고객의 심리에 주목하면 된다. 잡화점이든 홈쇼핑이든 고객은 능동적인 의지를 가지고 가게에 들어가거나 방송을 시청하지 않는다. 그런데 정신을 차리면 어느새 계산 중이다.

이러한 현상을 보면 잡화점이나 홈쇼핑에는 어떠한 비즈니스 성공 법칙이 존재하는 것 같다. 적어도 충동구매를 일으키는 심리적 장치가 있는 것은 확실하다. 이것을 추출할 수 있다면 회사 업무에도 응용할 수 있다.

이를테면 고객의 충동구매 심리를 자극하는 프레젠테이션이나 구매를 유도하는 스토리 설계가 있을 수 있다. 아니면 매장 배치도나 상품 배치에서 잡화점의 구성을 힌트로 삼거나, 백화점의 특설 이벤트 코너에 상품을 배치할 때 홈쇼핑에서 얻은 발상을 응용할 수도 있다.

〈기본 훈련 2〉
분류 훈련

[문제 25] 도쿄 타워, 딸기, 소방차, 단풍을 둘로 분류하시오

자, 지금까지 추상화의 기본 훈련으로 둘 사이의 공통점을 찾아냈다. 하지만 현실 세계에는 공통점이 잘 보이는 2가지가 흔하지 않다.

이때 중요한 건 세상의 현상을 분류하는 것이다. 이것과 그것은 성공한 비결이 같으며 이것 덕분이다, 이것과 이것은 전혀 다른 이유로 성공했다는 것처럼 매일 머릿속으로 여러 현상을 공통점으로 분류하다 보면 정말로 필요한 상황이 왔을 때 응용할 수 있다.

먼저 연습문제부터 풀어보자. 4가지를 둘로 분류하라고 하면 자연스럽게 '2대2'로 나누는데, 이 문제의 핵심은 '둘로 분류하시오'라는 것이다. 요컨대 1대3도, 3대1도 괜찮다는 이야기다. 어느 한쪽이 0만 아니면 자유롭게 조합해도 된다.

도쿄 타워, 딸기, 소방차, 단풍. 이렇게 나열하니 '붉다'라는 공통점이 있다. 하지만 기본적으로는 서로 무관한 것들이다.

내가 처음 떠올린 생각은 '인공적인 것'과 '자연적인 것'이라는 키워드다. 이 키워드를 기준으로 둘로 나누면 인공적인 것은 도쿄 타워와 소방차이고, 자연적인 것은 딸기와 단풍이다.

사고 과정을 보자. 첫 시작점은 어떤 것이든 상관없고 어느 하나를 기점으로 다른 3가지와 공통점을 찾아간다. 이 기점은 도쿄 타워든 딸기든 뭐든 상관없다.

이를테면 도쿄 타워를 기점으로 생각해 보면 크기가 크다. 사람이 만든 것이라는 공통점에서 소방차가 보인다. 딸기를 기점에서 보면 줄기에서 자라고, 단풍 기점에서 보면 열매가 열린다는 공통점이 나온다. 그리고 양쪽의 특징에서 인공적인 것과 자연적인 것이라는 접근법이 보인다.

물론 이외에도 무수히 많은 접근법이 있다. 이번 문제는 연습 문제이니 자유롭게 여러 가지 생각을 펼쳐 보면 좋겠다.

이를테면 앞서 이 4가지 사이에는 붉다는 공통점이 있다고 했는데, 조금 더 깊이 파고들면 딸기는 원래 하얀색이다. 햇빛이 닿으면 안토시아닌이라는 색소가 발현해 점점 빨갛게 변한다. 여기서 색이 변한다는 키워드를 찾아냈으니 이제 서로 다른 나머지 3가지도 살펴보자.

단풍도 원래는 녹색이다. 가을이 되어 기온이 떨어지면 잎사귀가 붉어진다. 또 도쿄 타워는 낮에는 보통 붉은색이지만, 밤에는 조명이 켜지고 색이 바뀐다. 하나 남은 소방차는 도로 운송 차량 보안 기준이라는 법률상 붉은색으로 규정돼 있어 다른 색으로 바꿀 수 없다. 따라서 도쿄 타워·딸기·단풍은 '색이 변하는 것', 소방차는 '색이 변하지 않는 것'이라는 분류도 가능하다.

이 밖에도 전국 각지에 있는 것과 도쿄에만 있는 것 또는 먹을 수 있는 것과 먹을 수 없는 것 등 사람마다 다양한 시점과 접근법이 있어 분류 방법은 얼마든지 나올 수 있다. 중요한 건 이 문제에 정답이 존재하지 않는다는 것이다. 아니, 어떤 분류든 정답이 될 수 있기에 정답 말고는 없다는 말이 더 맞다.

게다가 처음에도 말했다시피 이 문제는 연습문제라서 분류에 특별한 목적이 있지 않다. 그렇다고 목적 없는 분류가 의미가 없는 것은 아니다. 제약이 없는 상태에서 떠오르는 자유로운 발상으로 다른 사람은 미처 떠올리지 못한 접근법을 이것저것 떠올리면 추상화 사고는 반드시 강화된다.

[문제 26] 인감, 손, 사고, 사전을 둘로 분류하시오

이번에도 연습문제다. 이 문제의 핵심은 물리적인 존재 사이에 '사고思考'라는 비물리적인 것이 포함돼 있다는 것이다. 문제 속 인감, 손, 사고, 사전 네 단어를 보자.

나의 예시 답안은 '사용하는 도구'와 '인간의 기능'이다. 물론 전자는 인감과 사전이고 후자는 손과 사고가 된다. 이 분류대로 인감과 사전을 보면 인감은 결재하거나 절차를 밟을 때 찍어서 사용하는 도구이고, 사전은 모르는 단어가 있을 때 도움을 받고자 사용하는 도구다.

손과 사고를 보자. 손은 인간의 육체 중 일부이고 사고는 머리로 생각하는 활동이라는 점에서 둘 다 인간만이 완결하는 기능이다. 사고 과정을 보면 이 4가지는 인간이 생활하는 다양한 상황에서 사용되는 것이다. 그리고 인간의 육체나 두뇌에 기초한 움직임과 인공적으로 만든 도구라는 기준으로 분류된다.

물론 이 밖에도 더 다양한 형태로 분류가 가능하다. 순서와 무관하게 생각나는 대로 나열해 보자. 우선 '형태가 있는 것'과 '형태가 없는 것'이 있다. 이 분류면 인감·손·사전은 형태가 있고 사고는 형태가 없다.

그다음은 '사용하는 것'과 '사용되는 것'이다. 손을 사용해 인감을 찍는다, 사고를 사용해 사전을 찾아본다는 조합으로 인간과 도

구로 분류하는 사고방식이다. 이 분류면 사용하는 것은 손과 사고이고, 사용되는 것은 인감과 사전이다.

'대체하는 것'과 '대체되는 것'도 있다. 수중에 인감이 없으면 손이 대체할 수 있다. 지장指章이나 서명도 인감을 대체할 수 있다. 그리고 사전이 가까이에 없으면 머리로 사고하는 행위로 사전을 대체한다.

'전자화할 수 있는 것'과 '전자화할 수 없는 것'도 있다. 인감이나 사전은 지금이야 이미 전자화되었지만 손이나 사고는 전자화할 수 없다는 의미다.

좀 더 단순한 발상으로 '한 글자'와 '두 글자'로 분류해도 된다. 말 그대로 글자 수이다.

대략 이런 식으로 분류하면 된다. 여러분도 부디 자신만의 발상으로 어떻게 분류할지 생각해 보길 바란다.

[문제 27] 자동차, 편의점, 스마트폰, 햄버거를 둘로 분류하시오

이번에는 자동차, 편의점, 스마트폰, 햄버거를 분류하는 문제다. 다른 사람들은 찾아내지 못하는 의외의 접근법을 찾아내고 발상을 자유롭게 펼쳐 당신만의 분류가 드러나길 바란다.

나의 예시 답안은 단순하게 '사람이 손에 들 수 있는 것'과 '사람이 안으로 들어가는 것'이다. 스마트폰과 햄버거는 사람이 손에 들고 다닐 수 있는 크기다. 편의점과 자동차는 사람이 안으로 들어갈 수 있는 크기다.

연상의 범위를 넓히면 '이동할 수 있는 것'과 '이동하지 못하는 것'도 있다. 스마트폰과 햄버거는 손에 들고 돌아다닐 수 있고, 자동차는 사람이 타고 이동할 수는 있지만 편의점은 이동하지 못한다. 점포명 그대로 다른 장소로 이전하거나 건물을 통째로 해체해서 옮기는 방법도 있지만 편의점에 발이 생겨 위치를 이동할 수는 없다.

'딱딱한 것'과 '부드러운 것'도 있다. 편의점과 스마트폰, 자동차는 만지면 딱딱하지만 햄버거는 부드럽다. '차가운 것'과 '따뜻한 것'으로 분류할 수도 있다. 햄버거는 따뜻하고 자동차와 편의점, 스마트폰은 차갑다.

[문제 28] 엑셀, 파워포인트, 메일, 캘린더를 둘로 분류하시오

이 문제도 출제 경향은 비슷하지만 선택지의 단어들이 좀 더 비즈니스와 가까워졌다.

범주에 주목하면 '상표명'과 '일반명사'로 분류가 가능하다. 엑셀Excel, 파워포인트PowerPoint는 마이크로소프트사의 상표명이고, 메일과 캘린더는 일반명사 범주에 속한다. 여기서 연상의 범위를 넓히면 '옛날부터 있던 것'과 '컴퓨터 시대에 생긴 것'이라는 분류도 가능하다. 메일과 캘린더는 각각 편지와 달력으로 수천 년 전에도 지금과 크게 다르지 않은 형태로 만들어졌다.

이 분류를 변형하면 '종이로 대체할 수 있는 것'과 '종이로 대체할 수 없는 것'으로도 분류할 수 있다. 메일과 캘린더는 종이에 인쇄한 것이나 흰 종이에 손으로 직접 쓴 것이어도 일단은 목적에 맞게 쓸 수 있다.

반면 엑셀이나 파워포인트의 기능을 종이에 직접 써서 재현할 수 있는지 묻는다면 절대 불가능하다. 엑셀의 표 계산 기능은 거대한 수열 계산을 눈 깜빡할 사이에 처리한다. 이를 손으로 계산하거나 전자계산기에 하나씩 숫자를 눌러 계산하면 몇 시간, 며칠씩 걸릴 것이다. 또 파워포인트 기능을 아무것도 없는 흰 종이에 재현하려면 말도 안 되게 번거로운 작업이 된다. 그만한 시간과 품과 노력을 쏟아도 완성된 자료는 파워포인트로 작성한 자료에 한참도 못 미친다.

여기서 말하는 캘린더는 시각적으로 가장 시선을 끄는 인쇄물이다. 아이돌이나 인기 캐릭터 포스터처럼 벽에 붙여놓고 바라보는 게 캘린더다. 여기서 연상의 범위를 넓히면 캘린더와 파워포인트는 '시각을 중시한 것'이고, 메일과 엑셀은 '텍스트를 중시한 것'이라는 분류도 생각해 볼 수 있다.

이 시점을 바꾸면 엑셀과 캘린더는 '숫자 정보가 중심'이고, 메일과 파워포인트는 '문자 정보가 중심'으로 분류된다. 엑셀은 표계산, 캘린더는 연월일이 숫자로 표시되는 경우가 많다. 반면 파워포인트와 메일은 글을 읽고 쓸 때 주로 사용한다.

그리고 엑셀과 캘린더는 '관리하는 것'이고, 파워포인트와 메일은 '표현하는 것'이다. 캘린더는 일정을 관리하고 엑셀은 매출이나 팀의 행동 목표 등 비즈니스와 관련된 여러 활동을 관리하는 용도로 사용한다. 파워포인트는 고객사나 사내 프레젠테이션을 비롯해 다양한 비즈니스 현장에서 회사 또는 발표자의 아이디어를 표현하는 도구다. 메일도 발신자의 의지나 감정, 사고를 수신자에게 표현하는 도구다.

[문제 29] 영화관, 세일즈포스, 아마존 프라임, 지하철 광고를 둘로 분류하시오

마지막 분류 훈련 문제다. 이번에는 비즈니스의 시점에서 다양한 접근법을 찾아내 보길 바란다.

첫 예시 답안은 '일괄 구매 모델'과 '구독형 모델'이라는 접근법이다.

일괄 구매 모델에는 영화관과 지하철 광고가 있다. 영화관의 경우 배급회사에서 영화표를 전부 구매하는 형태이다. 지하철 광고는 광고 대리점 등이 지하철의 광고를 내거는 자리를 한 건 단

위로 구매해 고객사의 광고를 내보낸다. 그에 비해 세일즈포스와 아마존 프라임은 구독형 모델이다. 세일즈포스는 'Salesforce Customer 360'이라는 고객관리CRM 시스템을 비롯한 서비스를 구독형 모델로 제공하고 있다. 그리고 아마존 프라임은 월정액제로 온라인 동영상 무제한 시청 등의 서비스를 제공하고 있다.

이제부터는 순서에 상관없이 다양하게 접근해 보자. 먼저 '고유명사'와 '일반명사'라는 접근법이다. 세일즈포스와 아마존 프라임은 고유명사이고, 영화관과 지하철 광고는 일반명사다.

또 '실체가 있는 것'과 '실체가 없는 것'도 있다. 영화관과 지하철 광고에는 실체라고 할 수 있는, 즉 손으로 만질 수 있는 형태가 존재한다. 세일즈포스와 아마존 프라임에는 눈에 보이는 형태나 손으로 만질 수 있는 실체가 존재하지 않는다.

또 어떤 접근법이 가능할지 생각해 보자.

'영화를 보는 곳'과 '영업에 이용되는 것'을 보자. 영화관과 아마존 프라임은 영화(영상)를 본다는 공통점이 있다. 지하철 광고와 세일즈포스는 누구나 알다시피 둘 다 판매나 영업 활동에 이용된다. '많은 사람이 보는 것'과 '혼자 또는 소수가 보는 것'도 있다. 영화관과 지하철 광고는 많은 사람이 일제히 보고, 세일즈포스와 아마존 프라임은 혼자 또는 소수 인원이 시간이 여유로울 때 본다.

'B to B 비즈니스'와 'B to C 비즈니스'도 있다. 세일즈포스와 지하철 광고는 'B to B 비즈니스'이고, 영화관과 아마존 프라임은 'B to C 비즈니스'라는 분류도 가능하다.

'보고 싶은 것을 선택한다'와 '보고 싶은 것을 선택하지 못한다'도 있다. 영화관과 아마존 프라임은 선택지에 제한은 있지만 보고 싶은 것을 바로 골라볼 수 있다. 세일즈포스도 '보고 싶은 것 = 알고 싶은 정보'를 고를 수 있다. 그에 비해 지하철 광고는 영상물이든 포스터든 보는 사람의 의지와는 상관없이 계속해서 다른 화면으로 넘어간다.

'어디서든 볼 수 있는 것'과 '볼 수 있는 장소가 정해져 있는 것'도 있다. 세일즈포스와 아마존 프라임은 통신 환경이 갖춰져 있고 전파만 닿으면 기본적으로 언제 어디서든 볼 수 있다. 영화관에서 영화를 볼 거라면 그곳으로 반드시 가야 하며, 지하철 광고는 지하철에 타지 않는 이상 보지 못한다.

〈기본 훈련 3〉
'요점 추출' 훈련

[문제 30] 다음 A와 B 이야기의 공통점을 "요컨대 ○○군요."
로 정리하시오

A : 영업 시스템은 화면 조작이 간편해야 한다.

B : 영업 시스템은 고객 검색이 빨라야 한다.

회사에서 회의할 때 여러 사람이 의견을 내는데도 수습이 되지 않고 이야기의 끝이 보이지 않은 적 없는가? 이때 "요컨대 ○○군요."라며 불쑥 던진 한마디로 그 자리를 정리하는 사람이 있지 않은가? 그 사람은 무엇을 한 것일까? 사실 이것도 알고 보면 '추상화 사고'다. 각자 다른 이야기를 하는 것처럼 보이지만 그 안에는 공통점이 있다. 그 공통점을 찾아내 절충안을 제시하면 불만을 잠재우고 논의를 매듭지을 수 있다. 이러한 능력을 '요점 추출 훈련'으로 익혀 보자.

다음 상황은 A와 B 두 사람이 영업 시스템에 대해 서로 다른 의견을 말하고 있다. A는 "화면 조작이 간편해야 한다.", B는 "고객 검색이 빨라야 한다."라는 주장이다. 이 둘의 의견에서 어떤 공통점을 추출할 수 있을까? 다양한 접근법·시점·표현법이 존재하므로 어디까지나 하나의 예시일 뿐이지만 나의 예시 답안은 다음과 같다.

"요컨대 시스템은 이용자의 편의성을 기준으로 선택해야겠군요."

화면 조작이 간편해야 한다고 주장한 A의 의견은 결국 이용자, 즉 사용하는 사람이 느끼기에 편의성이 좋은 시스템이다. B의 의견인 고객 검색이 빨라야 한다는 것도 편의성으로 바꿔 말할 수 있다. 따라서 편의성을 기준으로 선택하자는 의견으로 집약할 수 있다.

이 문제는 실제 내 경험을 소재로 했다. 고객사에서 진행된 회의였는데 엉망진창으로 흘러가던 논의가 상사의 이 말 한마디로 정리되었다. 두 회사가 구체의 세계에서 부딪칠 때, 이 충돌을 센스 있게 집약시키는 능력은 직장인에게 중요하다. 만약 그런 상황이 온다면 이런 경험이 빛을 발휘할 것이다.

'요컨대' 뒤에 이어지는 말로 '편의성' 외에 또 무엇이 올 수 있을까? 표현을 바꾸면 뉘앙스가 미묘하게 달라지긴 하지만 "요컨대 효율적으로 이용할 수 있는 시스템이 좋겠군요."가 있을 수 있다. 사실 이것도 결국 정리하는 사람의 의도대로 이리저리 편집할 수 있다. 여기에 모두가 합의하면 삭제된 의견은 버려진다. 편집은 정말로 자유자재로 가능하다.

[문제 31] 다음 C, D, E의 이야기의 공통점을 "요컨대 ○○군요."로 정리하시오

C : 이 상품은 매장 앞 어디에 둘 것인가?

D : 이 기획은 누구를 위한 어떤 상품인지 모르겠다.

E : 이 상품은 어떤 고민을 해결해 주는가?

이 문제의 답은 여러 패턴이 나올 수 있는데 나의 예시 답안은 다음과 같다.

"요컨대 이 상품의 주요 소비자층이 명확하지 않다는 거군요."

C · D · E 세 사람의 발언에서 떠올릴 수 있는 상황은 상품 기획 담당자가 사내 프레젠테이션에서 신상품을 소개한 뒤 사장, 임원, 담당 부장에게 날카로운 질문을 받는 장면이다.

우선 C는 매장 앞의 상품 배치, 즉 '어디(=Where)'를 주인공에게 묻고 있다. 매장 앞은 상품의 장르에 따라 어느 정도 상품의 위치가 다른 것이 일반적이다. 소비자의 욕구를 각기 다른 곳에 배치하는 것과 비슷하다. C는 상품의 주요 소비자층이 누구인지 묻고 있다.

C는 주요 소비자층을 간접적으로 묻는 반면 D는 비교적 직접적으로 묻고 있다.

마지막으로 E가 소비자의 고민에 관해 질문하고 있다. 주요 소비자층을 구체화할 때 가장 중요한 것이 소비자의 고민을 구체화하는 것이다. 상품이란 결국 소비자의 고민을 해결해 주는 재화이다. 애당초 소비자의 고민을 명확하게 정리하지 못하면 아무리 대단한 상품이어도 그 의미가 사라진다. 따라서 E의 질문도 주요 소비자층을 명확화하는 질문이라 할 수 있다.

이러한 사고 과정에서 이 3가지 질문의 공통점이 무엇일까? 결국 세 사람 모두 "주요 소비자층이 불명확하지 않나요?"라고 상품 기획 프레젠테이션 담당자에게 날카로운 질문을 던지는 것이다. 만약 당신이 이 프레젠테이션 담당자의 상사로 그 자리에 있다고 생각해 보자. 이대로 논의가 엉망이 되고 소란스러워지면 이 상품은 승인받지 못한다. 이때 바로 추상화 사고가 필요하다. 말 한마디로 요령 있게 정리하고 자리를 수습한 뒤 다음 프레젠테이션

- 매장 앞 어디에 둘 건가요?
- 누구를 위한 어떤 상품인가요?
- 어떤 고민을 해결해 주나요?

▶상품의 주요 소비자층이
  명확하지 않다는 거군요?

공통점에서
'진짜 감정'을 포착한다.

- 매장 앞 어디에 둘 건가요?
▶ 이곳입니다.
- 누구를 위한 어떤 상품인가요?
▶누구를 위한 이런 상품입니다.
- 어떤 고민을 해결해 주나요?
▶ 이런 고민을 해결해 줍니다.

질문을 하나씩
따로 보고 대답한다.

[표 13] 배경에 숨어 있는 '진짜 감정'을 포착한다

으로 이어가 보자.

반대로 흔한 대응이지만 바람직하지 않은 예는 질문을 하나씩 따로 보고 개별적으로 답하는 것이다.

"매장 앞 어디에 둘 건가요?"→"이곳입니다."

"누구를 위한 어떤 상품인가요?"→"누구를 위한 이런 상품입니다."

"어떤 고민을 해결해 주나요?"→"이런 고민을 해결해 줍니다."

이런 대답은 각 질문의 배경에 숨어 있는 '진짜 감정', '정말로 알고 싶은 것'을 포착하지 못했다는 증거다. 모든 질문에 정확하게 대답한 것처럼 보이지만 상대방은 분명 석연치 않은 채로 끝났다고 느낀다. 사람들은 말의 배경에 숨어 있는 진짜 심리를 알아줄 때 진정으로 수긍한다. 짧은 말 한마디로도 추상화가 가능한 사람은 순식간에 그 상황을 수습하고 신뢰를 얻는다.

[문제 32] 다음 F, G, H, I의 이야기의 공통점을 "요컨대 ○○이 네요."로 정리하시오

F : 유능한 사람은 구조를 볼 줄 아는 힘이 있죠.

G : 의심하는 능력이야말로 가장 중요하죠.

H : 일머리가 없는 사람은 바로 안이한 의견을 내요.

I : 모든 일을 내려다보듯 생각할 수 있는지가 중요하다고 생각해요.

이 문제에서는 "어떤 인물이 유능한가?"에 대해 네 명의 등장인물이 저마다의 의견을 말하는 상황이다. 이 분위기에서 단 한 문장으로 그 자리를 정리하는 인물에 대해 생각해 보자. 이번에도 여러 사고방식이 있겠지만 예시 답안은 다음과 같다.

"요컨대 여러분은 비판적 사고가 가능한 사람이 유능하다는 생각이군요."

이들의 의견은 구조를 볼 줄 아는 능력, 의심하는 능력, 안이한 의견을 내놓지 않는다, 내려다보듯 생각하는 힘이라는 각각 구체적인 형태의 답이 나왔다. 이들이 의심하는 능력은 비판적 사고다. 안이한 의견을 내놓지 않는다는 건 당연하다고 생각되는 의견을 비판적으로 바라보고 더 깊이 생각할 수 있다는 뜻이다. 모든 일을 내려다보듯이 생각도 한 계단 위에 서서 상식을 볼 수 있다는 뜻이므로 이 역시 비판적 사고라고 할 수 있다.

이번 문제도 여러 갈래의 이야기로 뻗어 나갈 수 있다. 지금 어떤 상황인지 상상해 보았을 때, 이를테면 졸업생 채용 시험의 그룹 토론이라면 실제로 일어날 수 있다는 생각도 든다. 여기서 '요컨대'로 이야기를 정리하고 아주 자연스럽게 주도권을 쥐는 취준생이 있다면 어떻게든 채용하고 싶은 인재가 아닐까? 아니면 '요컨대'를 말한 사람이 면접관 중 한 명이라면 '요컨대'에 이어 다음과 같이 이야기를 전개할지 모른다.

"여러분이 말한 의견에는 '비판적 사고가 가능하다'라는 공통점이 있네요. 이것 말고도 다양한 사고력이 있는데, 또 무엇이 중요한지 보도록 하죠."

이런 식으로 논의를 마무리하고 다음으로 이어갈 수 있다. 이것으로부터 할 수 있는 말은 "그것 하나만 보지 않는 것이 중요하다."라는 것이다. 다만 눈앞에 있는 것을 정면에서 바라보는 것을 부정한다는 뜻은 아니다. 정면에서 똑바로 보는 것 역시 중요하다. 중요한 건 시야를 넓히고 각도를 바꾸어 다양한 시점에서 의견을 말할 수 있어야 한다. 이런 식으로 정리해야 가장 이해하기 쉽다.

〈실전 훈련〉
추상화 사고

**[문제 33] 영업 TOP 3의 공통점에서 영업 성공 법칙을 찾아내
시오**

지금까지는 기초 훈련이었고 이제부터는 비즈니스 실전 상황
에 적용할 수 있는 추상화 사고력 문제들이다. 영업 TOP 3의 공
통점에서 영업의 성공 법칙을 찾는 문제로 시작해 보자.

여러 번 설명했듯 사고 과정의 요점은 단 한 사람만 보아서는
타당성이 높아지지 않는다. 성공 법칙이란 여러 사람의 공통점을
찾아낼 때 비로소 타당성이 높아진다.

또 단순한 결론에 도달하지 않도록 주의해야 한다. 이를테면
성격이 밝다 또는 신문을 읽어서 시사 뉴스에 눈이 밝다는 것처럼
누구나 생각할 수 있는 결론은 일단 의심해 보아야 한다. 왜냐하

면 그것이 본질이라면 누구나 유능한 영업사원이 되었을 것이기 때문이다.

새삼스럽지만 일을 잘하는 사람은 다른 수많은 사람이 알아차리지 못한 것을 유일하게 알아차렸기에 가능했다. 다른 수많은 사람이 알아차리지 못한 걸 결론지은 것이다.

'이 결론이 맞을까?'라고 의심이 든다면 'TOP 3 모두에게 해당하는 공통점인가?'라는 질문을 자신에게 해 보자. 만약 어느 한 명이라도 모순이 생기면 그 결론은 틀렸을 가능성이 크다.

이번 문제에는 영업이 서툰 직원이 영업을 잘하는 능력이 있었으면 좋겠다, 영업을 잘해서 성과를 내고 싶다는 전제가 깔려 있다. 이를테면 한 시간짜리 비즈니스 미팅 중 전반 30~40분은 이야기를 듣는 데 집중하고, 후반 10~20분은 필요한 부분만 설명을 보충해서 다음 미팅 약속을 잡도록 유인한다. 혹은 경청으로만 끝내지 않고 깊이 있는 질문을 미리 준비해 두었다가 '계획-실행-확인-조치' 사이클을 반복하면 새롭게 알게 된 정보를 바로 질문의 구성을 바꾸어 더 깊이 파고들 수 있다.

다만, 영업 TOP 3 당사자에게 "어떻게 하면 영업을 잘할 수 있나요?"라고 질문했을 때 돌아오는 답을 곧이곧대로 받아들여서는 안 된다. 영업을 잘하고 있는지 본인도 자각이 없을 수도 있다. 어떤 사람은 솔직하게 말해 주지 않고 상관없는 이야기로 말을 돌리기도 한다.

당연히 영업 성과가 좋은 사람은 여기서도 "공통 법칙을 본다."라는 말을 곧이곧대로 받아들이지 않고 위에서 내려다보듯 지켜볼 것이다.

[문제 34] 통과하는 기획 프레젠테이션의 공통점에서 성공 법칙을 찾아내시오

사내나 고객사에서 발표하는 프레젠테이션은 영업뿐 아니라 수많은 직장인에게 몇 안 되는 화려한 무대다. 과장, 부장, 담당 임원은 물론 상황에 따라 사장과 회장까지 참석하는 기획 회의에서 자신의 아이디어로 만든 기획을 프레젠테이션하고 보란 듯이 그 기획이 통과하면 영웅이 된 기분을 맛볼 수 있다.

모든 직장인이 선망하는 그런 감정을 맛보는 사람은 그다지 많지 않다. 하지만 그런 사람이 분명 존재한다. 여러분의 주변에도 이런 부러움을 한 몸에 받는 사람이 있을지 모른다. 그들은 어떻게 매번 기획이 통과되는 걸까?

밥 먹듯이 기획이 통과되는 사람들을 만나 보면 최고 실적을 달성한 영업 직원과 비슷한 인상을 받는다. 단적으로 최고 영업사원이라고 했지만 사실 그들의 유형은 실로 다양하다. 자신감 있는 우렁찬 목소리로 시원시원하게 말하는 유형이 있는가 하면 정말 필요한 만큼만 말하는 차분한 유형도 있다. 이렇듯 기획이 매번 통과하는 사람도 그 유형이 모두 다르다.

그러니 이 경우도 단 한 사람만 보고 그대로 따라 해서는 안 된다. 그랬다가는 "프레젠테이션 자료가 휘황찬란했으니까.", "자신감 넘치고 당당하게 말했으니까."라며 근거가 빈약한 단순한 결론에 이르고 만다. 설령 그 결론을 받아들여도 결국 결과가 좋지 않아 헛수고로 끝난다. 그렇다면 어떻게 해야 할까?

일단 내게서 나온 예시 답안은 다음과 같다. "의사 결정자의 이득과 손실을 파악하였는가?"이다. 사실 이 문제의 핵심은 기획 프레젠테이션은 이미 어느 정도 결과가 정해져 있다는 것이다. 프레젠테이션 내용의 완성도가 높다든가, 좋은 이야기를 하고 있는가도 분명 중요한 요소지만 결정타가 되지 못한다.

결재권을 가진 부장급과 의사 결정자가 출석한 회의에서 자신의 기획이 통과되길 바란다면, 회의한 참석한 이들이 "이익과 손해의 기준을 어디에 두고 있는가?"를 먼저 파악해야 한다.

구체적인 예시를 보자. 인사팀에서 직원들의 참여도를 높이기 위해 전사적 설문 조사를 실행한다는 제안이 나왔다. 하지만 안건으로 올라간다 해도 사장의 관점에서는 결국 수익 발생 여부로 판단하기 때문에 회사에 이득이 있을지 모르겠다는 전형적인 말만 듣게 된다.

따라서 어떤 기준으로 이익과 손해를 판단하는지 사전에 파악할 필요가 있다. 또 이들에게 좋은 인상을 주려면 평소부터 품행과 행동에 신경 써야 한다. 그렇지 않으면 옳은 말을 해도 전달되지 않는다. 따라서 어떻게 수익을 낼지는 비록 가설이라도 완벽한 논리를 세워 둬야 한다. 그리고 상대가 무엇을 보고 있는지 파악하는 것이 아주 중요하다.

[문제 35] 레트로 열풍이 일어난 상품들의 공통점에서 성공 법칙을 발견하시오

1장에서 예시로 나온 문제지만 여기서 더 자세히 살펴보자.

최근 쇼와 레트로(일본의 1970년~1980년대 쇼와시대를 떠올리게 하는 감성이나 상품의 유행)가 어떤 이유에선지 곳곳에서 인기를 끌며 열풍을 일으키고 있다. Z세대에게도 의외로 반응이 뜨겁고 SNS 등을 통해 확산 중이다.

우선 레트로 열풍이 일어난 상품을 보면 '레트로 카페'처럼 옛 모습을 그대로 간직한 다방이나, 술집이 줄지어 있어 '○○ 골목'이라는 이름이 어울릴 듯한 뒷골목에 있는 판잣집 같은 낡은 가게도 있다. 또 '만화 카페' 같은 이름으로 옛날 만화책이 수만 권씩 꽂혀 있고 낡은 브리키 장난감(1890년~1960년대에 일본에서 제작된 양철 장난감)과 브리키 굿즈가 진열돼 있을 것만 같은 가게도 있다.

164

유원지 중에도 세이부엔 유원지처럼 쇼와 레트로를 콘셉트로 내세운 곳도 있다. 백화점 특설 전시장에서도 쇼와시대를 테마로 이벤트를 열고 있다. 또 학교 급식을 재현한 메뉴를 제공하는 식당이나 막과자 가게 등 그리운 감정이 올라오는 가게들이 줄지어 있는 상점가도 있다.

이들의 공통점이 무엇인지 생각했을 때 나의 예시 답안은 '힐링 공간'이다. Z세대는 날 때부터 IT와 넘치는 정보에 둘러싸여 자랐다. 그래서 이러한 것들이 하나도 없었던 시대, IT도 없고 정보를 얻기도 힘든 시대, 자신들이 태어나기 이전의 '옛 일본'에 동경 같은 감정을 느끼는 것 같다.

또 현대 사회는 IT, 특히 SNS로 연결돼 있어 인정 욕구 때문에 마음 편한 순간이 거의 없다. 그래서 대립 명제에 있는 노스탤지어nostalgia에서 힐링을 받으려는 게 아닐까 생각한다.

이 레트로 열풍에 힘입어 Z세대를 겨냥해 전방위적인 상품 개발을 나선 기업의 사례를 보자. 주식회사 산리오는 '헬로키티' 캐릭터 굿즈의 디자인을 1974년 헬로키티 탄생 당시로 부활시켰다. 아사히 맥주 주식회사는 아사히 생맥주 '마루에프マルエフ' 부활 버전을 출시했다. TV 광고 음악 삽입곡으로 1980년대를 대표하는 아이돌 곡 〈기운을 내元気を出して〉가 쓰였고, 작곡과 작사를 담당한 다케우치 마리야가 직접 재녹음한 곡도 선풍적인 인기를 끌었

다. 오리지널 '마루에프'의 발매 연도는 1986년, 〈기운을 내〉의 발매 연도는 1984년이다. 이 시대를 아는 50~60대가 중심이 되어 Z세대까지 굉장한 인기를 얻고 있다.

하루 중 회사 일에 지친 몸을 끌고 집에 도착해 목욕물에 들어갈 때 가장 힐링이 필요한 순간이다. 그래서인지 맥주뿐 아니라 편의점에서 판매하는 캔 하이볼도 레트로를 연상시키는 디자인으로 많이 바뀌는 추세다. 이러한 예시들 모두 '힐링'이 관통하고 있다.

[문제 36] 오랜 역사가 있는 일본 전통 과자점의 경쟁 상대는 어디일까

이 문제를 보고 '어? 추상화 문제 아니야?'라고 생각할 수도 있다. 얼핏 보면 '공통점 찾기'를 할 필요가 없어 보이기 때문이다.

하지만 이 문제도 공통점을 찾아야 한다. 경쟁 상대는 무엇일까? 맥도날드의 경쟁 상대는 버거킹이고, 아이폰의 경쟁 상대는 안드로이드 스마트폰이다.

소비자의 욕구를 똑같이 충족시켜 주는 다른 상품이나 서비스가 경쟁 상대다. 따라서 '같은 욕구'라는 의미에서 공통점이 있다.

그렇다면 오랜 역사가 있는 일본 전통 과자점에 바라는 욕구와 같은 욕구를 충족시켜 주는 곳은 어디일까? 우선 생각나는 예시 답안은 마트의 '일본 전통 과자 코너'다. 오랜 역사가 있는 일본 전통 과자점의 사장이라고 상상하며 생각해 보자. 소비자의 욕구가 무엇인지 생각했을 때 추상화의 결과로 단순하게 '일본 전통 과자를 사고 싶다.'가 떠오른다.

'일본 전통 과자점'이라는 기준으로 보면, 가장 먼저 생각나는 것은 이른바 오랜 역사가 있는 일반적인 일본 전통 과자점이다. 대비되는 것에는 새로 생긴 일본 전통 과자점이나 여러 브랜드의 일본 전통 과자점이 있다. 이곳도 당연히 경쟁 상대다. 이처럼 일본 전통 과자점이라는 기준에서 추상화를 높여서 보면 이외의 일본 전통 과자점이 떠오르게 된다.

일본 전통 과자를 살 수 있는 곳의 추상화를 높여 넓혀서 보면 마트에서도 일본 전통 과자를 판다, 역 앞의 새로 생긴 가게에서도 가끔 일본 전통 과자를 판다 등 여러 경쟁 상대가 나온다. 또 일본 전통 과자점으로만 제한하지 않고 일본 전통 과자를 살 수 있는 모든 가게라는 접근법으로 보면 시야는 더욱 넓어진다.

넓은 의미에서의 경쟁 상대를 찾으면 '단 것을 살 수 있는 곳'이다. 그러면 제과점도 경쟁 상대가 될 수 있다. 이런 방향으로도 시야를 넓힐 수가 있다는 이야기다. 시야를 넓혀 봄으로써 처음에는 관심 밖이었지만 이 정도 경쟁 상대는 앞지를 수 있겠다는 발견도 할 수 있다. 추상도를 높이는 정도에 따라 결과는 상당히 달라진다.

사실 이 문제는 오랜 역사가 있는 일본 전통 과자점의 사장이 되었다는 마음으로 최근 매출이 감소한 원인을 특정하려는 의도가 있다.

처음에는 시야가 좁아 근처에 있는 일본 전통 과자점만 눈에 들어온다. 하지만 추상화를 공부하면 마트에 일본 전통 과자 코너가 생겼는데 아무래도 이것이 원인인 것 같다는 식으로 좁혀서 특정할 수 있다.

또 어떤 과제를 해결하는 수단으로 다음과 같이 활용할 수도 있다. 매출 증가를 위해 신상품을 개발할 때 일본 전통 과자를 사는 사람이 단순히 단것이 먹고 싶은 욕구를 충족시키려면 어떤 콘셉트로 전통 과자를 팔면 좋을지 시야를 넓혀 보거나, 선물용 과자를 파는 시장이면 선물용 과자를 구매하는 수단에 무엇이 있을지 고민하며 생각을 출발시키는 사람도 있다.

아마 발상이 굉장히 유연해서 접근법을 바꿨는데 그 덕에 시야가 넓어져 나온 답일 것이다. 구매처는 전자 상거래도 있고 온라인에서도 살 수 있다.

이 문제의 주제도 추상도를 얼마나 자유롭게 높여 볼 수 있는가이다. 관건은 얼마나 자유롭게 볼 수 있는가인데, 혼다에서 일본 최초의 SUV '오디세이'를 개발한 오다가키 구니미치小田垣邦道(혼다기술연구소 부사장)는 평상시에 자신의 주변에 있는 것들을 보고 "왜?"라고 질문하는 습관이 있다고 한다.

왜 이것이 추상화일까? 여기서 말하는 "왜?"는 정확하게 말하면 "왜 성공했을까?"이다. 그야말로 '성공 법칙'을 발견하는 작업이다. 이를테면 "지하철 광고에 왜 이런 색을 썼을까?", "더 리츠칼튼 의자인데 왜 등받이가 낡고 지저분할까?"처럼 평상시면 알아차리지 못했을 곳에서 "왜?"라고 묻는 습관을 길들여야 한다.

"왜"라는 질문을 잘하는 사람은 다른 사람들은 알아차리지도 못한 곳에서 정말로 자기도 모르는 사이에 "여기에 왜 흠집이 있지?"라며 "왜?"라는 질문에 익숙하거나 여러 관점에서 계속 발상하고 있다.

5장

사고의
조절력을
키운다

구체 ⇆ 추상 훈련

3장에서는 '구체화 사고력'을
4장에서는 '추상화 사고력'을 키우는 훈련을 했다.

이로써 해상도가 높은 사람에게 필요한
· 모든 일이 세세하게 보인다.
· 독특하고 예리한 통찰이 있다.
이 2가지를 얻었다.

마지막은 이 2가지 사고력으로 '99%의 사람들에게는 보이지 않는 것'을
99%의 사람들에게도 보이도록 하는 능력을 배운다.

바로 '구체 ⇆ 추상화 사고력'이다.

어떻게 하면 '구체 ⇆ 추상 사고'가 가능해질까?
우선 그 요령부터 알아보자.

어떻게 하면 '구체 ↪ 추상 사고'가 가능해질까

'가장 높은 구체'와 '가장 높은 추상'의 '사이'가 머릿속에 그려지지 않는다

이번 장에서는 마침내 구체 ↪ 추상화 사고 훈련에 들어간다. 이 책에서는 해상도가 높은 사람이 갖춘 3가지 자질을 다음과 같이 정의한다.

❶ 구체화 사고가 가능한 사람(모든 일이 세세하게 보인다)

❷ 추상화 사고가 가능한 사람(독특하고 예리한 통찰이 있다)

❸ 구체 ↪ 추상화 사고가 가능한 사람(모든 일을 이해하기 쉽게 전달한다)

❶과 ❷가 가능한 사람은 다른 수많은 사람에게는 보이지 않는

것이 보이니 이미 상당히 유능한 사람이다. 그런데 ❶과 ❷가 가능한 유능한 사람일수록 오히려 일을 잘하는 사람으로 인정받지 못하고 고생하는 경우가 있다. 바로 ❸을 실현하지 못했기 때문이다.

다른 수많은 사람에게는 보이지 않는 것이 자신에게만 보이니까 그만큼 가치 있는 것이다. 그러나 다른 수많은 사람에게는 보이지 않는다는 것은 동시에 '이해받지 못하는 것'이 될 수도 있다.

"이 사람은 뚱딴지같은 소리만 해."

정보가 정확하게 전달되지 않는 상태는 유능한데도 빛을 보지 못한 사람에게서 자주 보이는 예이다. 그 원인은 '구체⇆추상 사고'가 부족한 것에 있다.

그렇다면 왜 '구체⇆추상 사고'를 제대로 하지 못할까? 그건 바로 가장 높은 구체와 가장 높은 추상의 사이가 머릿속에 그려지지 않기 때문이다. 2장에 나온 도표를 다시 살펴보자. 여기서 말하는 가장 높은 구체는 검은코뿔소와 흰코뿔소 등 피라미드의 가장 아래에 있는 단어다.

반면 가장 높은 추상은 생물 즉 피라미드의 가장 위에 있는 단어다. '구체⇆추상 사고'를 제대로 하지 못하는 사람은 가장 높은 구체와 가장 높은 추상밖에 그리지 못한다. 하지만 [표 14]를 보면 알 수 있듯이 가장 높은 구체와 가장 높은 추상의 사이에는 수많

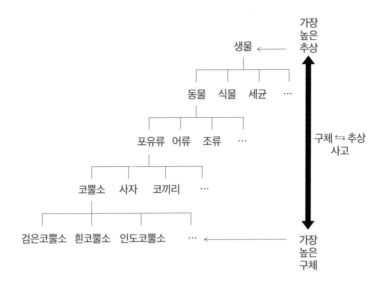

[표 14] '구체 ↩ 추상화 사고'란

은 단어가 존재한다.

　이야기를 듣는 상대방은 어떤 구체도(추상도)를 더 쉽게 이해할까? 사이에 있는 수많은 단어 중 어떤 단어를 사용해야 잘 받아들일까? 상대의 반응을 살피며 이를 판단할 수 있으려면 피라미드 중 가장 높은 구체와 가장 높은 추상의 사이를 머릿속에 그릴 줄 알아야 한다. 이를 가능하게 하는 훈련이 이번 장에서 배울 '구체 ↩추상 훈련'이다.

비교하고 사이에 무엇이 있는지 질문하기로 구체 ↩ 추상 사고의 속도를 높인다

가장 높은 구체와 가장 높은 추상의 사이를 그릴 수 있으려면 둘을 비교하고 사이에 무엇이 있는지 질문해야 한다.

[문제 38] 의사소통과 아이폰 사이의 추상도 단어를 3가지 답하시오.

[문제 39] 기술과 챗 GPT 사이의 추상도 단어를 3가지 답하시오.

질문이 사고의 속도를 높인다는 이야기는 앞에서 여러 차례 했다. 가장 높은 구체와 가장 높은 추상을 비교하면서 사이에 무엇이 있는지 위의 예시처럼 질문해야 한다. 이 질문이 바로 '구체↩ 추상 사고'의 속도를 높이는 요령이다. 이 사고를 배우면 당신의 해상도는 최대치로 높아진다.

구체↩추상 사고를 구사하면 상대와 나의 서로의 인식이 합치하는 층에서 원활하게 조율할 수 있다. 이는 소통에서 중요한 요소이기도 하다. 다음 쪽부터는 실제로 문제를 풀어보는 구체↩ 추상 사고를 훈련한다. 3장과 4장에서처럼 문제를 읽고 여러분도 함께 답을 생각해 보길 바란다.

〈기본 훈련 1〉 구체와 추상의 '사이'를 포착하는 훈련

[문제 37] 생물과 배추흰나비 사이에 있는 추상도 단어 3가지를 답하시오

예시 답안은 피라미드의 위에서부터 아래로 생물→동물→곤충→나비→배추흰나비가 된다. 문제에서 3가지라고 했으니 답은 동물, 곤충, 나비다. 이 문제는 가장 높은 추상과 가장 높은 구체 사이를 포착하는 기본 연습이자 기본 훈련이다. 현실의 비즈니스와 조금 동떨어진 문제지만 여러분이 특징을 쉽게 파악할 수 있는 일반적인 개념을 예제로 풀면서 서서히 익숙해지는 방향으로 나아가려 한다.

이 문제는 생물의 분류 구조를 알아보는 형태다. 접근법에는 가장 높은 추상에서 아래로 내려가는 방법도 있고, 가장 높은 구체에서 추상화하는 방법도 있다. 정답이 반드시 정해져 있는 것은 아니니 익숙한 쪽으로 사고하면 된다.

나는 가장 높은 구체인 배추흰나비부터 생각하는 것이 이해하기 쉬웠다. 배추흰나비와 비슷한 나비인 호랑나비과나 부전나비과를 비교해 추상화하는 사고 과정이다. 나비 종류는 일본에만 약 250종이 서식한다고 알려져 있다. 배추흰나비 외에 팔랑나비과, 네발나비과 등을 전부 모아 추상화한 것이 '나비'라는 개념이다. 이들의 공통점을 찾으면 나비가 나온다. 그리고 나비를 추상화함으로써 나비와 비슷한 것이 무엇인지 생각해 보면, 나비는 곤충의 종류라는 답이 나온다. 무당벌레, 개미, 메뚜기와 공통된 점도 역시 곤충이다. 어느새 곤충까지 올라왔다. 곤충과 생물의 사이라는 점에서 '동물'을 골랐다.

[문제 38] 의사소통과 아이폰 사이에 있는 추상도 단어 3가지를 답하시오

이 문제도 기본적인 훈련에 속한다. 다만 [문제 37]처럼 구체적인 분류도를 떠올려 풀기보다 의사소통이라는 상당히 높은 추상도의 단어까지 포함하여 사이를 포착하는 연습을 해야 한다. 내가 생각한 예시 답안은 피라미드의 위에서부터 순서대로 의사소통→비대면→휴대전화→스마트폰→아이폰이다. 답은 비대면,

휴대전화, 스마트폰이다.

이 문제도 구체부터 출발하든 추상부터 출발하든 방향은 상관 없다. 나는 비슷한 것을 나열한 뒤 추상화하는 방법 즉, 구체에서 피라미드를 올라가는 형태로 접근했다.

우선 아이폰과 비슷한 것으로는 안드로이드 스마트폰이 가장 먼저 떠오른다. 아이폰과 안드로이드 스마트폰을 비교하고 공통 점이 무엇인지 질문하면 공통점은 '스마트폰'이 나온다. 이제 두 번째 층에 올라왔으니 그다음 스마트폰과 비슷한 것을 나열한다. 스마트폰과 비슷한 것은 무엇일까? '피처폰'이다. 이 둘을 비교하 고 공통점이 무엇인지 질문하면 '휴대전화'가 나온다. 이어서 휴 대전화와 비슷한 것이 무엇인지 생각해 보면 '편지'를 떠올릴 수 있다. 이 둘의 공통점은 비대면(의사소통)이다. 비대면과 비슷한 것은 또 무엇일까? 그것은 대면(의사소통)이다. 그리고 이 둘의 공 통점은 '의사소통'이 되고 피라미드가 완성된다.

이는 어디까지나 하나의 예시일 뿐 포착하는 방법은 목적에 따 라 자유롭게 정할 수 있다. 추상도란 본래 자유롭게 포착하는 발 상이므로 접근법도 다양하다. 대면에는 이야기하다, 수화, 필담 등 여러 가지가 있다.

비대면 의사소통에는 궁극적으로 '삐삐'도 포함되며, 아마추어 무선 통신 기능이 탑재된 '휴대 게임기' 등 나열하면 끝도 없다. 게

다가 비대면 의사소통에는 실시간 통신 외에도 시간차가 발생하는 메시지 주고받기도 있는데, 후자는 학교 알림장, 동네 게시판, 지하철역 전언판 등을 비롯해 인터넷 게시판, SNS 등 다양한 갈래로 뻗어나간다.

[문제 39] 과학기술과 챗 GPT 사이의 추상도 단어 3가지를 답하시오

과학기술과 챗 GPT 사이에 있는 추상도 단어를 포착하는 문제다. 내가 생각한 예시 답안은 피라미드 위에서부터 순서대로 과학기술→정보통신→최첨단 기술→생성 AI→챗 GPT다.

챗 GPT는 고유명사라는 인식이 강하므로 아래에서부터 추상도를 높여가는 방식이 더 사고하기 쉽다. 먼저 챗 GPT가 무엇인지부터 출발하면 '오픈 AI사'가 개발한 AI다. 주로 글이나 정보에 관련된 질문을 입력하면 인터넷상의 온갖 정보를 순식간에 검색해 최적의 답을 도출해 준다.

챗 GPT와 관련된 기술과 비슷한 것을 찾아보면 글을 비롯해 동영상을 생성하는 생성 AI 'Stable Diffusion', 글을 입력하면 동영상을 만들어 주는 생성 AI 'Make-A-Video', 음성을 만들어 주는 생성 AI 'AIVoiceSpeaker' 또는 'VOICEVOX' 등 여러 가지가 있다. 이러한 것들이 비교 대상에 놓인다.

이것들의 공통점은 정보를 입력하면 결과물을 만들어 주는 것이다. 이것이 바로 생성 AI의 총칭이자 한 층 위에 있는 높은 추상도가 된다.

이제 생성 AI와 관련된 기술을 나열해 보자. '메타버스(인터넷상에 구축된 3차원 가상 공간)', 'NFT^{Non-Fungible Token}/대체 불가능한 토큰', 'Web 3.0(블록체인 기술을 이용한 분산형 인터넷)', '양자 컴퓨팅(양자 중첩이나 양자 얽힘 같은 양자역학의 현상을 이용해 병렬 계산을 실현하는 컴퓨터 기술)' 같은 최신 데이터·최신 과학기술이 있다. 과학기술 트렌드인데 여기서는 일단 '최첨단 기술'이라는 용어로 추상화한다.

이 과학기술 트렌드, 최첨단 기술의 한 층 위에는 무엇이 올까? 그것은 예시 답안에서 말한 정보통신 외에도 바이오 기술이나 나노 기술 등이 올 수 있다. 이들의 공통점이 바로 피라미드의 꼭대기에 있는 과학기술이다.

[문제 40] 입에 들어가는 것과 포카리스웨트 사이의 추상도 단어 5가지를 답하시오

여기서부터는 사이에 있는 추상도 단어를 5가지 고르는 형태로 사이를 더 잘게 자르는 연습이다. 이 문제의 예시 답안은 피라미드의 가장 위에부터 순서대로 입에 들어가는 것→소화물→음식물→음료→청량음료→스포츠음료→포카리스웨트다. 이 문제도 추상에서 출발해 구체로 가는 유형이다. 구체에서 출발해 추상으로 가는 유형도 있지만 우선은 포카리스웨트에서 추상도를 높여가 보자.

포카리스웨트와 유사한 것이 무엇인지 나열해 보면 유사 상품인 아쿠아리우스라는 키워드가 나온다. 둘의 공통점은 '스포츠음료'다.

이제 스포츠음료의 추상도를 더 높여 유사한 것이 무엇인지 보자. 스포츠음료 이외의 마실 것인 콜라나 주스, 캔 음료, 페트병에 든 차 음료, 커피 등이 있다. 주스 중에도 탄산이 있는 것과 탄산이 없는 것 등 여러 종류가 있지만 결국 이들의 공통점은 '청량음료soft drink'다.

청량음료 외에 또 다른 유사한 것들을 보면 자양강장제도 있고 페트병에 들어 있지 않은 커피나 차 중에 콩이나 찻잎을 우린 음료 등이 있다. 이렇게 청량음료 외의 마실 것까지 '음료'라고 총칭하며 수분을 섭취하기 위한 마실 것이 된다.

이번에는 거꾸로 꼭대기에 있는 입에 들어가는 것에서부터 분해해 보자. 입에 들어가는 것에는 크게 '그대로 삼킬 수 있는 것'과 '쓰임을 다하면 꺼내는 것'이 있다. 그대로 삼킬 수 있는 것은 먹을 것이나 마실 것, 복용약 등 위에서 소화기관으로 보내도 지장이 없는 것들을 전부 가리킨다.

반면 쓰임을 다하면 버리는 것에는 젓가락과 숟가락 등의 식기, 이쑤시개, 칫솔, 체온계 등이 있다. 기호품인 껌도 있고 씹는 담배도 여기에 포함된다. 조금 더 살펴보면 아이가 실수로 옷의 단추 같이 먹지 못하는 것을 삼키는 경우가 있다. 사고이긴 하나 이 단추도 입에 들어가는 것에 속한다.

이러한 경우까지 포함해 입에 들어가는 것의 한 층 아래는 우선 '소화물'과 '비소화물'로 나눈다. 소화물의 한 층 아래에는 소화를 거쳐 피가 되고 살이 되는 '음식물'이 온다. 여기서 한 층 아래가 바로 '음료'다.

이 문제에서는 세 번째 층보다 더 나아가 잘게 분류하는 훈련을 했다. 이를 비즈니스에 응용한다면 세 개보다 더 잘게 사이를 자르는 것을 통해 '전달받는 사람에 따른 전달법'을 더 고민해 볼 수 있는 기회가 된다고 생각해 일부러 사이를 더 많이 만들었다. 추상도를 올리거나 구체적으로 내려가는 등 다양한 방법과 사고방식이 있으니 여러분도 부디 다양하게 시도해 보길 바란다.

[문제 41] 자연과 후지산 사이의 추상도 단어 5가지를 답하시오

이 문제에 대한 나의 예시 답안은 피라미드의 위에서부터 자연 →산→아시아의 산→일본의 산→혼슈의 산→주부 지방의 산 →후지산이다.

자연이라는 큰 개념에서 구체적인 후지산에 이르기까지 어떤 사고 과정을 거쳤는지 보면, 자연의 종류와 지역, 국가, 후지산으로 가는 흐름이다. 이 문제는 위에서부터 아래로 구체화해 나간다. 자연이란 무엇인가부터 생각을 출발하면 바다나 강, 산, 호수, 숲…, 이와 같은 식으로 자연을 분해한다. 산 중에서도 어떤 장소와 지역이 있는 산인지 생각하면 아시아의 산이 된다. 아시아 중에서는 일본의 산. 일본 지역 중에서는 혼슈의 산. 혼슈에서는 주부 지방의 산. 그리고 마지막에 후지산에 도달하는 형태다.

이 문제도 기본 훈련이자 구조를 완성해 보는 연습문제다. 물론 거꾸로 후지산에서 추상도를 높여가는 접근법도 있다. 후지산 하면 아무래도 일본에서 가장 높은 산인만큼 여러 조합으로 묶여 단어 맨 앞에 후지산이 이름이 걸리는 경우가 상당히 많다는 특징이 있다. 이를테면 '일본삼영산日本三霊山(후지산, 하쿠산, 다테야마)' 중 하나이고, '일본의 100대 명산' 중 하나로 묶이기도 한다. 후지 하코네 이즈 국립공원으로 지정되었다는 점에서 '국립공원'이라는 묶음 안에서 추상도를 높여가는 방법도 가능하다.

또는 '후지산=신앙 대상과 예술의 근원'이라는 이유로 세계 유산에 등재되었다는 점에서 일본 국내에 있는 세계 유산, 아시아의 여러 국가에 있는 세계 유산, 북반구에 있는 세계 유산 과 같은 형태로 지역별로 나눠서 추상도를 높이는 방법도 있다. 또 세계 유산 중에서도 후지산은 문화유산 범주에 있으므로 문화유산과 자연 유산, 복합 유산이나 위험에 처한 세계 유산 등을 아우르는 '세계 유산'으로 추상화하는 방법도 있다.

[문제 42] 행성과 제네바 사이의 추상도 단어 5가지를 답하시오

나의 예시 답안은 행성→지구→북반구→유라시아 대륙→유럽→스위스→제네바다.

우선 '행성'은 항성恒星의 주변을 도는 천체이고, '제네바'는 스위스의 도시라는 것을 확인한 뒤 이를 전제로 이야기를 나아간다. 이 문제를 해결하는 사고방식은 추상이 가장 높은 행성을 기점으로 층을 따라 구체화하여 마지막에 구체가 가장 높은 제네바까지 구조화하는 접근법이다.

행성에는 어떤 것들이 있을까? 지금까지 알려진 바로는 여덟 개의 행성이 태양 주변을 돌고 있다. 이 행성 중 하나가 지구다. 태양계 안에는 지구 외에도 화성, 수성, 목성, 천왕성 등 여러 행성이 있지만 제네바까지 가려면 답은 지구밖에 없다.

이 지구에서 북측, 북반구로 시점을 옮겨 내려간다. 지구본이나 세계 지도를 위에서 내려다보는 이미지로 구체화하고 있으니 이제 지도상 북반구에 있는 대륙 중 유라시아 대륙을 고른다. 유라시아 대륙에는 아시아, 유럽 등이 있는데 여기서는 유럽을 고른다. 유럽 중에서도 스위스, 독일, 프랑스, 스페인 등 여러 국가가 있지만 스위스를 콕 집는다. 스위스에는 많은 도시가 있지만 그중 제네바를 고른다는 식의 흐름이다.

반대로 제네바에서 출발해 추상화를 진행하는 방향이라면 제네바는 '살기 좋은 도시 순위'에서 상위권에 있다는 점을 이용해 추상화해 나가는 접근법도 생각해 볼 수 있다.

〈기본 훈련 2〉
비유 훈련

[문제 43] 챗 GPT를 다른 단어에 비유하시오

여기서부터는 '비유' 훈련을 시작한다. 왜 하필 비유인지 의아해할 수도 있지만 비유 자체가 '구체↪추상 사고'다. 문제를 풀면서 그 이유를 생각해 보자. 이번 문제는 챗 GPT나 최신 IT 기술을 모르는 사람에게 챗 GPT를 이해하기 쉽게 전달하려는 목적이 있다. 사고 과정은 챗 GPT를 먼저 추상화하고 무엇이 가능한지 생각한 뒤 구체화하는 형태다. 이 개념을 잘 모르더라도 알기 쉬운 키워드로 구체화하면 이해하기 쉽다.

우선 챗 GPT가 무엇인지부터 생각해 보자. 챗 GPT는 사람이 질문을 하면 AI가 자동으로 인터넷의 온갖 정보를 검색한 뒤 최적의 답을 알려 준다.

그렇다면 챗 GPT를 모르는 사람에게 어떻게 챗 GPT를 설명하면 좋을까? 단 길게 설명하지 않고 말 한마디로도 분명하게 이해시켜야 한다.

챗 GPT가 멀게 느껴지는 이유는 왜일까? 그것은 '새로운 단어'이기 때문이다. 그렇다면 기존에 있는 단어 중에 챗 GPT와 유사한 말은 없을까?

있다. 바로 컨시어지^{concierge}다.

나는 지금 다이너스 신용카드 컨시어지 서비스를 이용하고 있는데 "이걸 알아봐 줘.", "이런 건 어느 나라에 있어?"와 같은 모호한 질문에도 성실하게 답변해 준다. 챗 GPT와 역할이 비슷하지 않은가? 두 번째는 모호한 질문을 해도 최적의 답변을 준다는 공통점이 있다. 따라서 챗 GPT를 몰라도 'IT 컨시어지'라는 식으로 표현하면 상대가 바로 알아들을 수 있다.

이때 모호한 질문을 해도 최적의 답변을 준다고 추상화하고 같은 공통점이 있는 다른 구체 '컨시어지'로 바꿔 보자. 그야말로 '구체'와 '추상' 사이를 오가는 사고다.

비유 자체가 '구체 ↪ 추상 사고'라고 말한 이유를 이제 이해했을 것이다. 다음 문제에서도 비유를 사용해 '구체 ↪ 추상 사고'를 키우는 훈련을 계속해 보자.

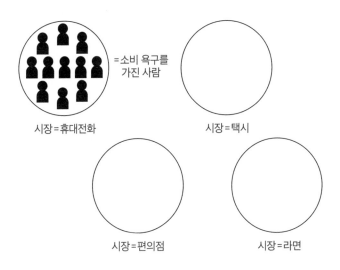

시장=휴대전화　　　　　　　시장=택시

=소비 욕구를
　가진 사람

시장=편의점　　　　　　　시장=라면

[표 15] 마케팅＝물고기 낚시

[문제 44] 마케팅을 다른 말에 비유하시오

이 질문의 예시 답안은 '연못 낚시'다. 어떤 사고 과정에서 도출
됐는지 보려면 마케팅이 무엇인가부터 생각을 출발해야 한다. 당
신이 회사를 설립했다고 가정해 보자. 당신의 회사에서는 어떤
상품과 서비스를 제공할 것인가? '마켓market＝시장'을 고르는 것
부터 타진해야 한다. 당신의 회사 상품으로 휴대전화를 고를 것
인가? 택시인가? 아니면 편의점 또는 라면인가? 이런 식으로 '시
장'을 선정한다. 그리고 이 시장에 그 소비 욕구를 가진 사람이(휴
대전화 시장이라면 휴대전화에 대한 소비 욕구가 있는 사람) 얼마나 있는

189

가? 그 수가 많을수록 시장성이 높다고 할 수 있다. [표 15]는 이를 표현한 그림이다.

이번엔 마케팅과 비슷한 것에 무엇이 있는지 알아보자. 먼저 그림을 보자. 무언가와 비슷해 보이지 않는가? 그렇다. '연못 낚시'다.

이제 연못에서 낚시한다고 상상해 보자. 많고 많은 연못(시장) 중 어떤 연못을 고를지 정해야 한다. 되도록 물고기(소비 욕구가 있는 사람)가 많은 연못을 고르는 것이 바람직하다. 연못을 정했다면 이곳에 먹이(상품, 서비스)를 던진다. 그러면 이 먹이를 좋아하는 물고기들이(소비 욕구가 있는 사람) 먹이를 향해 달려든다.

이처럼 '마케팅'과 '연못 낚시'는 구조 면에서 공통점이 있다. 이 것은 명백한 추상화다. 만약 마케팅이 무엇인지 모르는 사람이 있다면, 우선 추상화하고 같은 구조이면서 많은 사람이 알고 있는 연못 낚시에 비유하면 상대가 쉽게 이해할 수 있다.

[문제 45] 금리를 다른 말에 비유하시오

금리라는 단어는 귀에 익숙할 것이다. 은행에 돈을 맡기면 이 자로 받는 것, 돈을 빌렸을 때 덤으로 돌려받는 것이라고 알고 있지만 확실하게 감이 잡히지 않는 사람이 많을 것이다. 자녀에게 금리가 무엇인지 설명해 주었는데 무슨 말인지 모르겠다는 상황도 있을 것이다.

그렇다면 금리를 이해하기 쉽게 설명하려면 어떻게 해야 할까? 즉 어린이도 알아들을 수 있으려면 어떻게 말하면 좋을지에 관한 질문이다. 먼저 금리를 추상화한다. 엄밀히 말하면 예금한 금액의 몇 %를 지급하는 것이 금리다. 이자라고 표현하는 편이 좋을지도 모른다. 즉 금리는 '돈을 빌리거나 빌려줄 때 발생하는 이자'를 말한다. 따라서 은행에 돈을 맡겨 이자가 발생한다면 이는 은행에 돈을 빌려준 상태다. 금리가 발생했다는 것은 돈을 빌리거나 빌려준 상태이다.

금리 외에 빌리거나 빌려주는 구조와 같은 것에 무엇이 있는지 생각해 보자. 구체의 관점에서 보면 라디오나 DVD가 있다. 요즘에는 온라인 대여가 많은데, 옛날로 치면 대여 비디오와 대여 DVD다. 비디오나 DVD를 빌리면 돈을 내고 그 대가로 빌려 가는 시스템이다.

비디오나 DVD뿐 아니라 본래 사고팔 때 요금이 발생하는 것을 비교적 저렴한 요금으로 잠시 빌려주는 업종은 이외에도 다양하다. 만화 등 대본업貸本業(돈을 받고 책을 빌려주는 업태)도 운영되고 있으며 렌터카나 렌털 보트, 렌털 자전거나 렌털 가전제품도 이런 시스템으로 운영된다.

이렇게 돈을 빌리고 빌려주는 상황에도 렌털료가 발생한다. 즉 금리는 '돈의 렌털료'라고 비유할 수 있다.

참고로 은행에 돈을 맡길 때 외에도 이자가 발생할 경우가 있다. 은행에서 돈을 빌릴 때다. 개인이 은행에서 빌릴 때도 마찬가지다. 은행이나 신용카드 회사일 수도 있다. 주택담보대출도 은행에서 돈을 빌리는 구조는 같으므로 집을 사기 위해 주택담보대출을 이용할 때도 금리는 발생한다. 부동산이나 소비자 대출, 단기카드대출, 그리고 돈을 맡길 경우도 그렇다. 지금 설명한 것들이 금리가 발생하는 대표적인 예시다. 대여한 비디오를 반납해도 빌리고 빌려주는 과정에서 돈이 든다는 사실은 변함이 없다. 따라서 돈의 렌털료가 답이 된다.

[문제 46] 일본 전통 가옥의 이로리를 다른 말에 비유하시오

이로리囲炉裏를 다른 말에 비유하면 '집안에서 하는 캠프파이어'라고 표현할 수 있다.

집안에서 하는 캠프파이어에 도달하기까지의 사고 과정은 "이로리가 무엇인가?"에서 출발한다. 이로리는 일본의 오래된 민가 등 전통 가옥 내부 중 지금으로 치면 거실 중앙의 땅바닥을 파내어 만든 불을 지피는 장소를 말한다. 옛날에는 이로리의 불을 둘러싼 가족들이 온기를 얻거나 식사를 준비하는 모습이 일상적인 광경이었다. 이제 다른 말에 비유하기 위해 이로리를 추상화해야 한다. 그러면 '불을 둘러싼 가족들이 정답게 모인 장소'라고 추상화할 수 있다. 일본인이라면 '이로리'라는 말을 듣고 바로 이미지가 떠오르겠지만, 여기서는 외국인에게 설명한다는 전제하에 생각해 보자.

'이로리'라고만 말하면 당연히 전달되지 않는다. 이때는 어떤 비유를 사용해야 할까? 불을 둘러싼 정다운 장소와 공통된 곳이 외국에서는 무엇인지 생각해 본다. 추운 기후의 나라는 난로나 페치카(러시아의 난로 겸 오븐)가 생각나지만 온난한 기후에서 나고 자란 사람에게는 생경하다.

하지만 캠프파이어처럼 캠핑할 때 불을 둘러싸거나 그 불을 난방이나 조리에 사용할 것이다. 외국인을 위해 구체화할 때 "집안에서 하는 캠프파이어입니다."라고 설명하면 이로리를 일본의 캠프파이어라고 이해할 것이다.

이 문제는 누구에게 설명하는가를 생각해 봐야 하는 연습문제다. 외국인이나 다른 배경지식을 가진 사람이 쉽게 이해할 수 있도록 어떻게 비유를 사용하면 좋을지 그 요령을 터득하는 데 목적이 있다.

영업에서 다른 업계 종사자와 이야기를 나눌 때 중요한 것은 상대방이 이해하기 쉬운 키워드를 고르는 것이다. 처음 듣는 낯선 세계의 이야기지만 구도가 같으면 이해가 쉬워진다. 이를테면 인사 업무와 관련된 매칭 사업을 하고 있다고 해 보자. 부동산 업계의 사람에게 어떤 일을 하는지 설명할 때 "부동산에 비유하자면 중개업자의 인사 버전이죠."라고 말할 수 있다. 상대방의 배경이나 지식에 따라 이해하기 쉬운 구도로 설명하는 것도 중요하다. 참고로 이로리를 추상화할 때 내가 포착한 장면이 불을 둘러싼 정다운 모습이기에 캠프파이어로 구체화할 수 있었다.

만약 이로리의 기능에만 집중하여 불을 사용해 요리하는 장면을 포착했다면 '가스레인지'라고 말할 수 있다. 하지만 이로리의 이미지가 외국인에게 잘 전달될지 알 수 없다. 이로리는 다양한 기능이 있어 추상화할 때도 접근법이 여러 개 나오는데 이를 구체화해도 상대에게 전달하기 어려운 접근법임을 처음으로 깨닫게 된다.

이런 경우 가장 먼저 떠오른 발상에 갇히지 말고 직관적으로 생각나는 또 다른 접근법을 찾아야 한다. 구체↩추상 사고를 완벽하게 숙지하려면, 단번에 이미지가 떠오르지 않더라도 위화감이 느껴지지 않는 이미지에 도달할 때까지 여러 번 반복하는 과정이 중요하다.

[문제 47] 편집자를 다른 말에 비유하시오

이번 책을 준비하면서 태어나 처음으로 베테랑 출판사 편집자와 이야기를 나누었다. 편집자라는 직업은 알고 있었지만 이쪽 업계와 연이 닿을 기회가 없었던지라 이번 책을 계기로 편집자가 어떤 일을 하는지 그 단면을 들여다볼 수 있었다.

여러분도 편집자가 어떤 일을 하는지 자세하게는 모를 것이다. 이번 문제의 목적은 나의 직업을 잘 모르는 사람에게 설명하기 힘들 때 도움이 되는 연습문제다.

편집자가 하는 일은 크게 2가지다. 하나는 책이나 잡지를 기획한다. 어떤 책과 잡지 기사가 세상에 나오면 대중들의 관심을 끌 수 있을지 고민한다. 다른 하나는 이 기획을 현실로 만들기 위해 필요한 사람들을 모으고 구체화한다. 책의 경우 저자 선정부터 광고 문구를 쓰는 카피라이터, 책을 디자인하는 디자이너, 오탈자를 검수하는 교열자를 찾아 일을 의뢰하고 의견을 취합해 책을 완성하는 것이 편집자가 하는 일이다.

이번 문제는 이런 식으로 다른 업계에 있는 사람에게 이해하기 쉽게 설명하는 목적이 있다. 이쯤에서 추상화를 시작한다. 즉 편집자란 '공정과 품질을 관리하고 프로젝트를 원활하게 이끌어가는 사람'이라고 할 수 있다. 그렇다면 그것이 어떤 직업인지 생각하면 '프로젝트 매니저'가 나온다. 따라서 이번 문제의 예시 답안은 '출판업계의 프로젝트 매니저'가 된다.

[문제 48] 끈질기게 따라오는 사람을 다른 말에 비유하시오

이 문제에서는 끈질기게 따라오는 사람에게 지금의 상황을 인지시키고 알아듣기 쉽게 거절 의사를 표현하는 예제를 통해 비유로 상대를 설득하는 방법을 배운다.

'끈질기게 따라오는 사람'은 끈질기게 접근하는 사람을 말한다. 상대가 직장인이라는 전제하에 어떻게 말해야 충분히 알아들을 수 있을지 생각해 보았을 때 나온 예시 답안은 '강매하는 영업사원'이다.

그 사고 과정을 살펴보면 '끈질기게 따라오는 사람'이 무엇인지부터 생각해야 한다. 한번 거절했는데도 또 접근하거나 상대의 기분이나 의사는 존중하지 않고 자기 생각과 기분만 밀어붙이는 사람을 말한다.

여기서부터 추상화를 하면 상대가 필요로 하지 않는데 강매하는 사람이 된다.

이제 이렇게 추상화한 것을 다시 구체화해 본다. 피라미드 층에서 '끈질기게 따라오는 사람'과 같은 선상에 나열되는 구체적인 예시를 든다.

이것이 바로 '강매하는 영업사원'이다. 몇 번이나 필요 없다고 말했는데 끈질기게 강매하는 영업사원으로 여러 번 거절했음에도 자신의 상품이나 서비스를 구매하라고 물고 늘어지는 모습을

196

상상해 보면 비슷하다.

따라서 이 비유는 끈질기게 따라오는 사람이 상대의 의사를 존중하지 않고 자기 생각이나 기분만 강요하는 태도를 표현한 형태이다. 이는 상대가 자신도 모르는 사이에 잘못된 행동을 저지른 상황에 응용할 수가 있다. 그리고 이해하기 쉬운 비유로 주의를 주고 행동 개선을 촉구하면 좋다.

이를테면 부하 직원이 잘못된 행동을 저질렀을 때 스스로 깨닫길 바라며 이 사고방식을 활용할 수도 있고, 지도나 양성 교육을 들을 때도 비유를 듣고 비로소 알게 되기도 한다.

또 고객을 응대할 때 그 고객이 자신의 잘못된 행동이나 행위를 깨달았으면 할 때도 사용할 수 있다. 꼭 진상 고객이 아니어도 고객과 언쟁이 일어나는 상황은 마음을 무겁게 만든다.

하지만 고객을 응대하는 쪽에서 고객의 잘못을 논하기란 지극히 어렵다. 이때 고객의 기분을 언짢게 하지 않으면서 자연스럽게 잘못된 행동임을 깨닫게 하는 표현법, 지적법, 돌려 말하는 방법이 있다면 이 말을 해야 하는 쪽도 조금은 마음이 편해지지 않을까.

끈질기게 따라오는 사람에게 "따라오지 마세요."라고 해도 어차피 집요하게 따라올 게 뻔하다. 이때 지금의 행동이 난데없이 들이닥쳐 원치도 않은 상품을 강매하는 영업사원 같다고 말하면

197

"아, 내가 그렇게 보이는구나."라면서 조금은 현실을 자각할지도 모른다.

그리고 이렇게 행동하면 안 되겠다고 생각을 바꿀 수도 있다. 아니면 적어도 그런 식으로 접근하지는 않을 것이다.

〈실전 훈련〉
'구체 ⇆ 추상 튜닝'

[문제 49] 당신의 직업을 다른 업계 사람에게 설명할 때 어느 정도의 추상도로 말하면 될까

이제부터는 실전 훈련이다. 지금까지 연습한 구체와 추상을 오가는 훈련을 실제 비즈니스에 응용하는 훈련이다. 이번 문제에서는 내가 실제로 겪은 이야기로 시작한다. 내 직업은 '인사 IT 컨설턴트'다. 인사, IT, 컨설턴트가 생소한 단어는 아니지만 세 단어를 묶어서 설명하면 처음 듣는 사람들은 어리둥절해한다.

아무래도 널리 알려진 직업이 아니어서 그럴 것이다. 이 일을 잘 모르는 사람에게 설명한다는 전제하에 '인사 IT 컨설턴트'라는 직업이 무엇인지 살펴보자.

'인사 IT 컨설턴트'는 기업의 인사 업무인 채용, 평가, 인사이동

발령, 노무, 급여 등 다양한 인사 업무를 이해하고, 회사의 과제나 소비자들의 욕구에 알맞은 IT 시스템을 골라 도입을 제안하는 일을 한다.

한 번만 들어서는 감을 잡기 힘들 수 있다. 그래서 '인사 IT 컨설턴트'라는 직업을 처음 들어보는 사람들도 이해할 수 있도록 "상대의 과제를 이해하고 적절한 해결책을 골라 제안한다."라는 추상화로 접근한다.

이를 누구나 알 수 있게 전달하려면 TV 광고에 나오는 유사 서비스에 비유하는 방법을 생각해 볼 수 있다. 이때 내가 늘 빌리는 이미지는 호켄노마도구치 그룹에서 제공하는 '호켄노마도구치' 서비스다. 호켄노마도구치는 보험이나 인생 계획에 관한 고민이 있거나 상담을 원하는 고객이 점포를 방문하면 전문가가 "이런 보험 서비스를 이용하시는 게 좋겠어요."라고 상품을 바꿔 보라며 최적의 인생 계획을 제안해 주는 서비스다.

이 구조는 보험 전문가가 계약 검토까지 도와준다는 점에서 지금의 인사 업무를 이해하고 필요한 과제 선정해 적절한 IT를 골라 제안하는 구조에 가깝다. 따라서 '호켄노마도구치의 인사 버전'이라고 비유하면 잘 몰랐던 사람들도 이해하기 쉬울 것이다.

[문제 50] 처음 만난 사람에게 '나의 매력'을 비유적으로 설명하시오

'나의 매력'을 설명하라는 문제다. 여러분도 저마다 다양한 매력이 있고 여기에 얽힌 에피소드가 있다는 것을 안다. 그래서 이번에는 단순한 예시와 조금 구체적인 예시 2가지를 이야기해 보려 한다.

우선 회사 면접에서 "저는 명랑한 매력이 있습니다."라고 어필하는 상황을 가정해 보자. 그런데 그냥 이대로 말하면 너무 밋밋해서 면접관의 마음을 사로잡기 힘들다.

이때 어떤 비유가 필요할지 생각해 보자. 명랑한 매력이 있다는 것은 과연 어떤 상태일까? 어떤 식으로 추상화할 수 있을까? 이때는 "성격이 밝습니다."라고 할 수 있다. 이 말을 누구나 이해하기 쉽게 구체화하는 것이다. 밝음을 비유하는 단어로는 '태양'이나 'LED 전구', '플래시' 등이 있다. 이중 면접관에게 전달이 잘되고 일관성이 있는 것으로 '태양'이 적당해 보인다. "명랑한 성격이 매력입니다."라는 진부한 말을 "저의 성격은 태양 같습니다."라고 비유하면 상대도 쉽게 이해할 것이다.

또 다른 예시로 한 영업 담당자가 자신의 매력을 교우 관계가 좋고 인맥이 넓다고 어필하는 경우다. 이직 활동을 가정해도 좋고, 자기소개를 통해 사람들에게 깊은 인상을 주려는 목적이라고 보아도 좋다. 이런 이유로 이 사람은 자신이 가진 매력이 '영업 고객 리스트를 많이 가지고 있다.'라고 생각한다. 그러나 영업 고객 리스트를 많이 가지고 있다는 너무 흔한 말이라 듣는 사람이 시큰둥해할 것이다.

그래서 이번에는 영업 고객 리스트를 많이 가지고 있다는 의미를 다른 말로 구체화한다. 이를테면 CRM(고객관리)이라는 시스템이 있다. 세일즈포스나 허브스팟 등이 여기에 해당한다.

그런 의미에서 "저는 걸어 다니는 CRM입니다."라고 비유해 보면 어떨까? 처음대로 말하면 너무 고리타분한 표현이라 관심을 끌 수 없지만, 이런 비유라면 상대는 "당신은 고객도 많고 인맥도 넓군요"라며 흥미를 보인다.

이 에피소드는 내 친구의 이야기다. 예전에는 세일즈포스에서 일하다 지금은 비즈리치라는 곳에서 활약하고 있다. 그는 단 한 번의 만남으로도 상대의 특징과 경력을 외우는 사람이다. 그래서 이 친구에게 물으면 곧바로 "이 사람은 이 당시에 이런 회사에 있었고, 이런 실적이 있다."라는 답이 돌아온다. 머릿속에 다양한 사람의 데이터베이스가 저장돼 있다는 느낌이다.

실제로 '걸어 다니는 CRM'이라는 자기소개 문구는 강렬한 인상을 주기 때문에 단숨에 사람들의 기억에 남는다. 단순히 "나의 인맥은 대단해."라고 말하고 다니는 사람이 여럿 있지만, "그는 걸어 다니는 CRM이지.", "아, 그 걸어 다니는 CRM?"이라고 남들이 먼저 말할 정도가 되면 가만히 있어도 자기 홍보가 된다.

[문제 51] 처음 만난 사람에게 '자신이 일하는 회사의 사업'을 비유적으로 설명하시오

드디어 마지막 문제다. 처음 만난 사람에게 자기 회사의 사업을 설명해 보는 문제다. 이를테면 회사가 M&A 매도자와 매수자를 중개하는 플랫폼 서비스를 제공하는 일을 한다고 가정해 보자. M&A란 회사 자체를 매매하거나 회사 내 사업을 매매하는 걸 말한다. 이 사업을 처음 만난 사람에게 비유를 사용해 설명한다면 "M&A 매칭 앱과 같은 일을 하고 있습니다."라는 식으로 말할 수 있다.

이 사고 과정을 풀어 설명하면 우선 방금 말한 것처럼 자신이 일하는 회사가 'M&A 중개업'이고, 웹 서비스와 IT를 이용한 플랫폼 서비스를 운영하고 있다는 형태를 생각해 보자. 이를 추상화하면 'M&A 매도자와 매수자를 연결해 주는 서비스'가 된다. 그렇다면 사람과 사람을 연결해 준다는 점에서 유사한 것에는 무엇이 있을까?

이를테면 인사팀 사람에게 설명한다면 채용을 원하는 회사와 입사를 바라는 사람을 연결해 준다는 의미에서 채용 사이트인 '리

쿠나비'라고 말할 수도 있다. 이를 더 범용성이 있고 모두가 알 만한 답으로 유도하면 틴더Tinder나 오미아이Omiai 같은 커플 매칭 앱도 생각해 볼 수 있다. 결혼을 원하는 사람, 이성을 사귀고 싶은 사람들을 연결해 주는 것이 매칭 앱이다.

즉 'M&A 매칭 앱'이라고 표현함으로써 중개인 같은 역할이 중간에 없는 형태이면서 IT 서비스를 통해 같은 욕구를 가진 사람끼리 이어준다고 설명할 수 있다.

해상도를 끌어올리면
주목받는다

해상도도 그렇지만 구체와 추상 능력은 AI 시대에 인간의 가치를 상징한다고 생각한다. 그렇지만 이 책에서 뭐든 다 아는 것처럼 이야기를 풀어낸 나 역시 실은 아주 평범하기 이를 데 없는 사람이다. 대학생 때도 학점을 제대로 채우지 못했는데 친구들이 도와줘서 가까스로 졸업할 정도였다. 사회생활을 시작하고 나서도 일했던 회사 세 군데에서 모두 자신감이 바닥이었다. 이 책에서 말하는 전형적인 '구체의 인간'으로 고객과 직장 상사에게 "이야기가 통하지 않는다."라는 말을 귀에 딱지가 앉도록 들었다.

이런 내가 책을 쓰게 돼 몸 둘 바를 모르겠다. 하지만 나는 언제나 주변에서 알아차리지 못한 것을 알고 있다는 느낌이 들었고, 아직 내 능력이 발휘되지 못하고 있다는 감각이 있었다. 그런데 딜로이트 토마츠 컨설턴트에서 상위 1%에게만 주어지는 'S 등급 인재'로 평가받을 수 있었다. 모두 고객들, 선배, 후배, 동료 등 주변에서 도와준 덕분이다. 이 또한 다른 사람에게 쉽게 전달하는 능력을 얻기 위해 해상도가 높이는 훈련을 우직하게 해 온 덕분이라고 생각한다.

이 책에 딜로이트 시절에 내가 직접 해 본 방법과 배우거나 실험해 본 것들을 체계화하려고 노력했다. 나 역시 졸업하자마자 입사한 회사에서는 어디로 고개를 돌리든 벽에 막힌 기분이었다. 이럴 때 높은 해상도를 배워 놓았다면 당장은 자신감이 없어도 언젠간 자신의 강점을 발견할 수 있을 것이다.

이 책을 집필하던 중 미국 라스베이거스의 HR 테크놀로지 콘퍼런스 & 엑스포에 다녀왔다. AI를 사용한 인간의 가능성, 해상도를 이용한 사업의 영역은 해외에서도 아직 미래의 일이라고 보고 있어서 누구에게나 기회가 있다고 생각한다. 모두가 해상도를 높여 창조적이고 가슴 설레는 일에 도전하길 바란다.

곤도 유타카